Horst-Dieter Radke

# Sagen und Legenden des Mittelalters

Horst-Dieter Radke

# SAGEN UND LEGENDEN
# DES MITTELALTERS

REGIONALIA
VERLAG

Horst-Dieter Radke: Sagen und Legenden des Mittelalters
Copyright © 2016 Regionalia Verlag GmbH, Rheinbach
Alle Rechte vorbehalten

Lektorat, Layout und Satz: Handverlesen GbR, Bonn

Einbandgestaltung: Derek Gotzen für agilmedien, Niederkassel

Printed in EU

ISBN 978-3-95540-263-1

www.regionalia-verlag.de

# INHALT

# EINLEITUNG

Die Brüder Grimm waren es, die die Sage von den Märchen und der religiös motivierten Legende differenzierten und sie als kurze Erzählung deuteten, die auf mündlicher Überlieferung basiert und von fantastischen Elementen durchsetzt oder überlagert ist. Sagen haben einen historischen Kern, können aber kaum als historische Wahrheiten genommen werden.

Es gibt unterschiedliche Arten von Sagen. Göttersagen, die eher Mythen sind und die Entstehung der Welt zum Thema haben, auch Rivalitäten und Kämpfe in der Götterwelt beschreiben, habe ich in dieser Sammlung nicht aufgenommen.

Heldensagen jedoch, die ihren Kern in realen Gegebenheiten haben, finden in diesem Buch ihren Platz. Insbesondere die Zeit der Völkerwanderung ist es, in der die Sagenkreise entstanden sind, die man sich im Mittelalter erzählte, wozu die Nibelungensage (die allerdings auch Elemente der germanischen Göttersagen enthält), die Sagen um Dietrich von Bern, das Hildebrandslied und andere gehören. In England sind die Sagen um König Artus populär, die ebenfalls in der Zeit der Völkerwanderung spielen, als die Römer Britannien verließen. Diese Sagen vermischen sich mit den Gralssagen, die jedoch vermutlich auf dem europäischen Festland entstanden sind und von dort über schriftliche und mündliche Kunde herüberkamen auf die Insel. Ihnen ist ein eigenes Kapitel gewidmet.

Sagen um Kaiser und Könige sind den Heldensagen verwandt, jedoch viel näher an der Realität, da sie sich vor allem auf die Machthaber des Mittelalters beziehen. Karl der Große ragt als Persönlichkeit so aus diesen Herrschern hervor, dass ihm ein eigenes Kapitel gebührt.

Dann gibt es noch die Volkssagen, die zumeist der engen Regionalität entspringen. Die Kapitel zu den Rheinsagen und zu den Burgensagen nehmen solche Stoffe auf.

Legenden finden sich vor allem im letzten Kapitel, das der im Mittelalter beliebten Sammlung *Legenda Aurea* vorbehalten ist.

Die Motive der Sagen sind breit gestreut. An vielen Orten haben sich Sagen um Dr. Faust gebildet, solche um Luther oder andere historische Persönlichkeiten. Doch diese stehen schon am Beginn der Neuzeit und passen nicht mehr ins Mittelalter. Auch gibt es nicht wenige, in denen Geister und Teufel eine Rolle spielen.

Solche habe ich für dieses Buch außen vor gelassen, da sie sich oft wiederholen und in meinem Buch *Sagen und Legenden aus Franken* – ebenfalls im Regionalia Verlag erschienen – bereits ausreichend berücksichtigt wurden.

Aufgrund der Vielzahl an Sagen musste ich eine Auswahl treffen. Diese ist subjektiv, insbesondere auch, weil die tatsächliche Anzahl an Sagenstoffen diese Zusammenstellung erheblich übersteigt. Wenn Sie mehr lesen wollen, finden Sie am Ende des Buches die Werke, die ich als Quelle genutzt habe, um sich selbst weiter in das Thema vertiefen zu können.

Wie schon bei meinem Buch zu den Frankensagen habe ich die Texte, der besseren Lesbarkeit wegen, zwar in der ursprünglichen Form belassen, allerdings in eine heute leichter lesbare und besser verständliche Sprache gebracht, manche Sagen und Legenden zusammengefasst und einzelne auch neu erzählt. Da manche Sage heutzutage nicht mehr aus sich selbst heraus zu verstehen ist, habe ich den Überlieferungen knappe ergänzende Kommentare beigegeben, in denen entweder die Hintergründe der Handlung näher erläutert werden oder in manchen Fällen eine historische Einbettung der Sageninhalte vorgenommen wird.

Ich hoffe, Sie haben Vergnügen beim Eintauchen in die mittelalterliche Sagenwelt.

Lauda-Königshofen, im Juni 2016

Horst-Dieter Radke

# 1. HELDENSAGEN

Heldensagen spiegeln die heroischen Taten einzelner Personen eines Zeitalters wider, das lange zurückliegt. Die Helden des Mittelalters sind mitunter gar nicht im Mittelalter selbst zu verorten oder wenn, dann zu Beginn desselben, wobei es eine exakte Definition für diese Zeit nicht gibt. Zu sehr streiten sich die Historiker darüber. Die bekannten Heldensagen wie die Nibelungensage und die Sagen um Dietrich von Bern lassen sich in die Zeit der Völkerwanderung situieren, die Sagen um Karl den Großen und seine Paladine (also Helden aus dem Kreis um den Kaiser) fallen in die Zeit der Schaffung eines fränkischen Großreichs und die spanische Sage um El Cid in die Zeit der Reconquista, der Rückeroberung der iberischen Halbinsel von den Moslems. Nicht selten sind auch Rückbezüge auf alte Mythen dabei, etwa in der Nibelungensage, die zum Teil auf der nordischen Sage von Sigurd beruht, aber auch den tatsächlich erfolgten Untergang des burgundischen Reichs, während der Expansion des Frankenreichs, mit einbezieht.

## Tannhäuser

Tannhäuser, ein edler deutscher Ritter, war weit in der Welt herumgekommen und hatte viele Wunder der Welt gesehen. Da kam er auch in den Venusberg, worin Frau Venus, die schöne Göttin, mit ihren Frauen und Jungfrauen hauste. Hier gefiel es dem Ritter gut und im Verkehr mit den schönen Frauen dachte er lange Zeit gar nicht mehr an die Welt da draußen vor dem Berge. Endlich aber begann sein Gewissen doch, ihm Vorwürfe zu machen, dass er sich als ein christlicher Ritter mit heidnischen Frauen vergnüge. Da beschloss er, wieder aus dem Berge herauszugehen und Vergebung für seine Sünde zu suchen. Er begehrte deshalb Urlaub von der Göttin.

Die hörte aber von solchem Entschluss sehr ungern und versuchte, den Ritter zum Bleiben zu bewegen. »Herr Tannhäuser«, sprach sie, »was sind das für Reden, dass Ihr mich verlassen wollt? Ihr sollt bei mir bleiben und die schönste von meinen Gespielinnen will ich euch zum Weibe geben.« Der Ritter erwiderte: »Ich habe mir eine andere Herrin erwählt, der ich dienen will, das ist die himmlische Jungfrau Maria. Die will ich bitten um meiner Seele Seligkeit, damit ich nicht ewig in der Hölle Glut brennen muss.«

»Was wisst ihr denn von der Hölle Glut?«, sprach da die Göttin. »Bleibet nur hier, Ihr werdet in keinem andern Dienste so viel Freude und Wonne haben wie in dem meinen.«

Als sie noch länger fortfuhr, den Ritter zum Bleiben zu ermahnen, und ihm die Freuden, die seiner in ihrem Dienste warteten, mit den lebhaftesten und verführerischsten Farben ausmalte, sprang Tannhäuser auf und rief: »Ihr seid eine Teufelin und ich will nicht wissen von eurem roten Mund. All mein Sinn ist mir verstört und mein Leben ist hier und ewig verloren, wenn ich länger noch bei Euch bleibe.« Und in größter Erregung rief er die himmlische Jungfrau an: »Hilf mir, Maria, himmlische Maid, von diesem Ort der Sünde.«

Da konnte ihn die Göttin nicht länger halten.

Reuevoll wendete der Ritter seine Schritte gen Rom. Je näher er der Stadt kam, desto fröhlicher ward sein Gemüt, denn hier hoffte er, bei Papst Urban Vergebung seiner Sünden zu finden. Mit gesenktem Antlitz trat er vor den Papst und beichtete: »Ich klage Euch meine Sünde. Ich bin ein Jahr in Frau Venus' Berg gewesen. Nun legt mir eine Buße auf, dass meine Seele gerettet werde und ich einst Gottes Antlitz schauen möge.«

Der Papst hatte aber einen Stab in der Hand und sprach zum Ritter: »So wenig dieser dürre Stab, den ich in meiner Hand halte, noch grünen und Blätter treiben wird, so wenig kann euch diese Sünde vergeben werden.«

Da fing der Ritter an zu klagen: »Ach, sollte ich auch nur ein Jahr noch auf dieser Erde leben, so wollte ich solche Buße tun, dass ich Gottes Huld wieder erwürbe.« Mit ausgestreckten Armen fiel er vor dem Kreuze am Altar nieder und betete brünstig: »Ich bitte dich, Herr Jesu Christ, du wollst dich meiner erbarmen!«

Voll Jammer und Leid wendete er dann Rom den Rücken und brach in die schmerzliche Klage aus: »O, dass du mich verstoßen hast, Maria, himmlische Maid, dass ich dir nicht dienen darf und mich von dir scheiden muss! Nun bleibt mir nichts übrig, als zu Frau Venus in den Berg zurückzukehren, von wo aus ich um meines Seelenheiles willen entflohen war.«

Als er wieder zu dem Berg kam, empfing ihn Frau Venus voll großer Freude und hieß ihn hoch willkommen.

Drei Tage aber, nachdem der Papst den harten Spruch über den Ritter getan hatte, fing des Papstes Stab an zu grünen und Knospen und Blätter zu treiben. Da sah der Papst, dass Gott dem Ritter seine tief bereute Sünde vergeben wollte und er schickte Boten in alle Lande aus, den edlen Tannhäuser zu suchen und ihm das Wunder, das sich zugetragen hatte, zu verkünden. Aber es war zu spät. Nirgends fand man den Ritter, der bereits wieder im Venusberg weilte, trauernd über des Papstes Spruch und doch trotz allem noch nicht ganz an Gottes Gnade verzweifelnd.

*Das Venusbergmotiv ist seit dem Mittelalter bekannt. In einem Berg wohnt Frau Venus mit Nymphen und Nixen. Sie lockt durch ihre Schönheit junge Männer hinein. Sie ergeben sich ihrem Eros und führen ein sündiges Leben. Ebenso der Minnesänger Tannhäuser, der allerdings nach einer Weile fortzukommen strebt und seine Sünden zu bereuen beginnt. In der Romantik wurde diese Sage vielfältig aufgegriffen, in zahlreiche Sammlungen aufgenommen (Grimm, Bechstein, Des Knaben Wunderhorn* von Brentano und von Arnim u. a.) *und in Balladen verarbeitet (Heine, Uhland). Wagner nahm sie als Grundlage für seine Oper* Tannhäuser und der Sängerkrieg auf der Wartburg.

*Der Minnesänger Tannhäuser aus dem* Codex Manesse.

# Gelderns Gründung

In dem Gebiet zwischen Rhein und Maas soll in grauen Vorzeiten ein Drache gehaust haben. Er war der Schrecken der ganzen Gegend. Menschen und Tiere fielen dem schauerlichen Ungetüm zum Opfer, und scheu versteckte sich jedes lebende Wesen, wenn der Lindwurm hungrig und laut gellend daherkam. Wie »Gelee! Gelee!« klang der fauchende, aasgierige Schrei. Viele waren schon ausgewandert aus der furchtbaren Gegend. Nun lebte damals in den niederrheinischen Landen ein edler Herr von Pout. Der war weitgerühmt als unüberwindlicher Kämpfer. Unter dem großen Kaiser Karl hatte er in früher Jugend die ersten Schwertstreiche ausgeteilt, und selten hatte seine Klinge seitdem geruht. Zwei Söhne hatte er, Wichard und Lüpold. Gemeinsam beschlossen die jungen Degen, das Land von der scheußlichen Plage zu befreien.

Der alte Kämpe gab ihnen seinen Segen, und die gewappneten Jünglinge zogen aus auf die Drachenjagd. Man zeigte ihnen den Ort, wo der Lindwurm sein Lager hatte. Ein Birnbaum stand dort, voller Mistelpflanzen. Dahinter in einer Höhle hauste der Drache. Nicht lange währte es, da drang aus dem Innern ein fauchender Ton. »Gelee, Gelee!«, gellte das Ungetüm, kroch auf scharfkralligen, kurzen Füßen hervor, ringelte den gepanzerten Schuppenleib und fuhr mit weitgeöffnetem Rachen auf die beiden Recken los. Da erblich der jüngere der Hünen, doch der ältere rief ihm Mut zu, murmelte einen frommen Spruch und stieß dem Untier, just in dem Augenblick, als dessen giftiger Atem ihn schon berührte, die Lanze mit solcher Wucht in den Rachen, dass die Spitze am Hinterkopfe wieder herausdrang. Und wie der Drachen schmerzgepeinigt emporschnellte und sich krümmte und wand, stieß ihm der andere sein Schwert in die Weichen. Da wälzte sich der Wurm wutbrüllend am Boden. Sie aber töteten ihn nach verzweifeltem Kampfe.

Freude herrschte daraufhin am ganzen Niederrhein. Die dankbaren Bewohner erkoren das tapfere Brüderpaar zu ihren Herren. Und Wichard und Lüpold erbauten dort, wo sie das Ungetüm getötet hatten, ein Schloss, das sie nach dem Drachenschrei »Gelee« nannten. Eine Stadt hat sich dann um die Burg gebildet, Geldern mit Namen. Auf dem Stadthause zu Erkelenz bewahrt man heute noch eine Geldrische Chronik. Auf deren Titelblatt ist ein gräulicher Drache abgebildet, aus dessen offenem Rachen die Worte »Gelee! Gelee!« kommen.

Geldern liegt im Westen von Nordrhein-Westfalen am Niederrhein. Erstmals urkundlich erwähnt wurde die Stadt im Jahr 812. Die Sage soll sich im Jahr 878 zugetragen haben, doch gibt es dafür natürlich keinen Beleg. Interessant sind die Namen, die der Stadt in den ersten beiden Jahrhunderten in verschiedenen Schriftstücken zugewiesen wurden: Gelre, Gielra, Gellero, Gelera, Gellere, Gellera und zuletzt (1167) Geldren.

Der Drachenbrunnen in Geldern.

# Der Schwanenritter

Die alte Burg auf dem Schlossberg zu Kleve hat einen Schwan als Wetterfahne. Das Herrschergeschlecht, welches über das liebliche Klever Land regierte, trug ehemals einen Schwan im Wappen. Eine traurig-schöne Sage knüpft sich an jenes Schwanenbild: die Sage vom Schwanenritter.

Damals lag tiefes Leid über dem Schloss zu Kleve. In großer Bedrängnis befand sich dessen Herrin, die Herzogin Beatrice. Man hatte ihren geliebten Ehegemahl hinausgetragen zur letzten Ruhe. Kaum hatte man des Grabes Riegel vorgeschoben über dem teuren Toten, da erhob sich einer ihrer Vasallen und forderte in trutziger Herrschsucht, die Macht zu übernehmen. Der Verwegene verstieg sich sogar, die Hand der schönen Herzogin zu verlangen. Nur dadurch, erklärte er, könne sie einen Teil der Würde retten, der sie nach des Gatten Tode verlustig gegangen sei.

Vergebens flehte die noch jugendliche Herzogin die Ritter ihres Landes um Hilfe an. Höhnisch erbot sich der Empörer, mit jedem ein Gottesgericht bestehen zu wollen, der ihm den Fehdehandschuh hinwerfen würde, darauf vertrauend, dass seine Kraft und Kühnheit ihm keinen Gegner im Zweikampfe erstehen ließ.

In tiefstem Leid flossen die Tage für die unglückliche Herzogin dahin. Immer näher kam der Tag, wo der rebellische Vasall sich erkühnen wollte, vor allem Volke drunten auf der Rheinaue vor dem Schlossberg feierlich seine Ansprüche auf Hand und Herrschaft der Herzogin geltend zu machen. Der Tag kam. Bleich, das Antlitz vom Witwenschleier bedeckt, den stolzen Leib in Trauergewänder gehüllt, stieg die Herzogin hinunter zum Rhein, wo der Ritter glänzender Kreis und des Volkes Gewimmel den weiten Raum bedeckte. Dann trat er vor, der gefürchtete Empörer, in strahlender Rüstung, und er erhob aufs Neue mit blitzenden Augen und herrischer Stimme seine Forderung auf Hand und Herrschaft der Herzogin. Ihm riefen die verblendeten Vasallen Beifall, doch spärlich kam dieser aus des Volkes Menge, dessen Blicke mitleidsvoll und bewundernd zugleich auf der jugendschönen Herrin ruhten.

Nun wiederholte jener seine Forderung und ließ sein Auge triumphierend über die Menschenmenge schweifen. Laut klang sein Aufruf an alle, mit ihm zu streiten für die Sache der Herzogin. Kein Kämpe meldete sich, und der Herzogin Antlitz ward noch bleicher als zuvor. Zum dritten Male klang des Gegners Herausforde-

Schwanenburg in Kleve.

rung, mit ihm zu streiten für die Sache der Herzogin von Kleve und Geldern, Prinzessin von Brabant.

Doch nur tiefes Schweigen war die Antwort.

Da drückte die Herzogin ihren Rosenkranz inbrünstig an die Brust und betete verzweifelt zum Herrn um Gnade. An ihrem Rosenkranz aber soll ein Silberglöcklein gehangen haben, das die wunderbare Eigenschaft hatte, einen leise klingenden Ton von sich zu geben, der in der Ferne allerdings hell vernehmbar war.

Und als sie das Kreuz am Rosenkranze berührte, da tauchte plötzlich am Horizont auf dem Strom ein Schifflein auf. Näher kam es, und aller Augen wendeten sich überrascht dem zierlichen Boote zu, das ein schimmernder Schwan an einer goldenen Kette zog. Drinnen im Schifflein aber stand ein Ritter in blitzender Silberbrünne. In langen Locken flutete des Hauptes Blondhaar auf die strahlende Rüstung, kühn blitzte sein blaues Auge zum Ufer hin und sicher stützte sich die Rechte auf den Knauf des breiten Schwertes.

Das Boot hielt am Ufer gerade vor dem Richtplatz. Der Ritter stieg heraus, winkte dem Schwan, der langsam mit der Barke den Rhein hinuntertrieb. Scheu und schweigend machte die Menge Platz vor dem Fremdling, der stolzen Schrittes in den Kreis der Ritter trat und sie feierlich begrüßte. Vor der Herzogin beugte er das Knie und dann, zu dem trutzigen Vasallen gewandt, forderte er diesen mit lauter Stimme auf, mit ihm zu kämpfen, um Hand und Herrschaft der Herzogin von Kleve und Geldern, Prinzessin von Brabant.

Da erblich der Empörer für eine Sekunde. Rasch aber sammelte er sich und höhnisch riss er sein Schwert aus der Scheide. Die Waffen blitzten auf, klirrend begegneten sich ihre Schneiden. Bewundernd und teilnahmsvoll hingen alle Augen an dem fremden Ritter, der mit wundersamer Kunst die wuchtigen Schläge seines riesenstarken Gegners parierte. Dann gellte plötzlich ein dumpfer Schrei. Schwer getroffen von des Fremdlings kühnem Hieb sank der Frevler sterbend nieder. Donnernder Jubel durchbrauste die Aue und fand ihren Widerhall bei den Wogen des Stromes. Die Gerechtigkeit hatte gesiegt, der Herr hatte gerichtet. Weinend vor Bewegung sank die Herzogin vor dem Retter nieder. Der aber hob sie empor, beugte sein Knie vor dem schönen Weibe und bat um ihre Hand.

Ein Himmel voll Seligkeit wölbte sich von Neuem über das Haupt der Herzogin Beatrice. Aus ihrer Dankbarkeit ward glühende Liebe, die ihren Lohn fand in zärtlicher Verehrung. Dennoch trübte eine Wolke jenes lichte Blau. Nie, so hatte es der Schwanenritter geboten, dürfe sie ihren Gemahl fragen, woher und wessen Geschlechtes er sei. Sie hatte ihm am Vermählungstage das heilige Versprechen geben müssen, ihn niemals nach seiner Heimat und Namen zu befragen, und, auf des Fremdlings ritterlichem Gebaren bauend, den seltsamen Schwur geleistet.

Treu hielt die Herzogin, was sie gelobt. Jahre gingen ins Land. Ihren glücklichen Bund krönten drei stolze Knaben. Hoffnungsvoll wuchsen sie heran, dereinstige Zierden der Ritterschaft zu werden. Oft aber, wenn das Auge der Herzogin auf den blühenden Jünglingen ruhte, gedachte sie beklommenen Herzens des Schwures, den sie vor Jahren hatte leisten müssen. Schwer lastete die trübe Wolke auf ihrem mütterlichen Herzen. Wie stolz würde das Mutterherz schlagen, wüsste es Namen und Herkunft des Vieledlen, dem sie die Jünglinge geschenkt als Pfand ihrer Liebe! Von hoher Abkunft musste er sein, der geliebte, stolze Gemahl! Doch warum sollten nicht seine Söhne dereinst seinen Namen mitnehmen in die Welt und sein Gold mit neuem Glanze schmücken? Sie verhüllte das strahlende Bild des hohen Mannes, das göttergleich bislang in ihrem Herzen stand und ihr ganzes Sein erfüllte. Und einem gefangenen Vöglein gleich, das sich bei trübem Wetter ängstigt, durchschwirrte die bange Frage nach Name und Herkunft des Gemahls ihr Inneres, bis sie sich eines Tages gewaltsam über ihre Lippen drängte.

Da erbleichte der stolze Held. Schmerzlich löste er die zärtliche Umarmung und kummervoll rief er aus: »Weh dir, unglückliches Weib. Weh auch mir Armem! Deine Frage zerstört unser Glück auf immer. Für ewig müssen wir uns nun trennen.«

Dieweil sie verzweifelt aufschrie in wildem Jammer, schritt er schweigend und mit schmerzlicher Abschiedsbewegung hinaus, dem Rheine zu. Klagend klang sein Silberhorn und die dunklen Fluten durchfurchte ein schneeweißer Schwan mit zierlichem Boot. Trauernd bestieg der Ritter den Nachen, schaute nicht mehr rückwärts zurück. Unaufhaltsam aber trieb das Fahrzeug abwärts, bis es in dämmerblauer Ferne verschwand.

Niemals kam er wieder, der stolze Schwanenritter. Untröstlich blieb seine unselige Gemahlin in ihrer Verlassenheit. Nicht lange nachher machte der Tod ihrem Jammer ein Ende. Ihre Söhne aber wurden die Stammherren stolzer rheinischer Geschlechter. Alle führen bis heute den Schwan im Wappen. Noch zur Stunde findet der Wanderer in der Kirche zu Kleve einen Grabstein, darauf ein Ritter eingehauen, zu seinen Füßen ein Schwan.

D*iese Sage vom Schwanenritter ist nicht nur in Kleve bekannt. Konrad von Würzburg (ca. 1220–1287) machte daraus eine Erzählung in mittelhochdeutschen Versen. In einem französischen Chanson wird der Schwanenritter zum Großvater von Gottfried von Bouillon. Wolfram von Eschenbach verknüpfte die Schwanenrittersage in seinem* Parzival *mit der Gralsthematik und nannte den Schwanenritter »Loherangrin«. Diese Vorlage diente Richard Wagner zu seinem Musikdrama* Lohengrin. *Im folgenden Kapitel ist diese Grals-Variante enthalten.*

August von Heckels Gemälde
des Schwanenritters auf Schloss
Neuschwanstein, gemalt im
Auftrag von Ludwig II., 1886.

17

# Siegfried von Xanten

Ein mächtiges Königsschloss stand dazumal in dem uralten Städtchen, das sie später »Ad Santos« genannt haben, weil hier im 4. Jahrhundert die Helden der thebäischen Legion unter ihrem Führer, dem heiligen Viktor, für ihren Glauben in den Tod gegangen sein sollen. In jener Königsburg am Niederrhein wohnten Siegmund und Sieglinde mit Siegfried, ihrem Sohn. Der Knabe war von königlichem Wuchs, schon früh sehr kühn und mit schier unbändigem Sinn.

Mit dreizehn Jahren hielt es den nach Taten dürstenden Knaben nicht mehr auf der Burg zu Xanten. Aus alten Mären hörte er von kühnen Reckenfahrten und Heldenkämpfen auf heimischer Erde. Auch ihn drängte es nach Abenteuern, nach Kämpfen und Wagnissen. So verließ eines Tages der junge Siegfried heimlich das väterliche Schloss und wanderte den stolzen Strom hinauf. Bald ward ihm Gelegenheit, seinen Mut zu erproben.

Am Fuß des Siebengebirges traf der Königssohn den berühmten Waffenschmied Mimer, der prächtige Klingen und blitzende Schwerter schmiedete. Dem jungen Fant gefiel das mühsame Handwerk sehr und so bat er den Meister, ihn aufzunehmen und ihn die Kunst des Waffenschmiedens zu lehren. Der Meister stimmte zu und Siegfried blieb. Schmerzlich aber empfanden bald des Schmiedes Gesellen die Kampflust des jungen Recken. Nicht selten packte ihn der Übermut und er hob sie mannshoch, um sie in den Sand gleiten zu lassen, oder seine breite Faust hinterließ in tollem Spiel der Krafterprobung auf ihren Rücken blaue, krause Zeichen. Einmal zerschmetterte seines Hammers Hieb alle Eisenstangen und trieb den Amboss in den Grund.

Dem Meister behagte der unbändige Knabe von nun an nicht mehr und er beschloss, sich seiner zu entledigen. Zum Kohlenbrenner hieß er ihn gehen, einen Sack zu holen, wohl wissend, dass der wüste Gesell nimmer zur Waldschmiede zurückkehren werde. Denn in jenem Teil des Forstes hauste ein grässlicher Drache, der mitleidslos jeden Wanderer mordete, dessen Fuß sich in sein Gebiet verirrte. Siegfried hatte einen Kohlenmeiler angezündet und lohend schlugen die Flammen empor. Da wälzte sich plötzlich mit langbekrallten Füßen das Ungetüm heran, krümmte gierig den schuppigen Leib und züngelte fauchend die heiße Zunge, den neuen Kohlenbrenner zu verschlingen. Kampflustig aber blitzten des jungen Helden Augen. Einen flammenden Kloben riss er aus dem Feuerherd und stieß dem

Lindwurm das brennende Ende in den gähnenden Rachen. Da wälzte sich das Untier schmerzbrüllend auf dem Boden und schlug grimmig mit dem geringelten Schweif, um Siegfried zu zermalmen. Der aber versetzte ihm wuchtige Schläge, wich ihm geschickt aus und zerschmetterte ihm endlich mit einem riesigen Felsblock das Haupt.

Den schuppigen Wanst schleuderte er in die lodernden Flammen. Da aber sah der Held zu seinem Erstaunen, wie ein Strom von Fett aus der Glut hervorquoll und zu einer Lache zusammenfloss zu seinen Füßen. Und ein Vöglein hörte er singen aus dem Geäst:

Willst du hörnern sein
Und in jedem Streit
Gegen Hieb gefeit,
Recke, tauch hinein!

Da warf der junge Held seine Kleider ab und salbte seinen Körper mit dem Drachenfett an allen Gliedmaßen. Nur ein Fleck an der Achsel blieb frei, wohin ein Lindenblatt gefallen und haften geblieben war.

Kampfesfroh kehrte der trotzige Held mit dem Kopf des Lindwurms zur Schmiede zurück, erschlug den heimtückischen Schmied, der ihn hatte verderben wollen. Daraufhin schmiedete er sich ein neues Schwert und eine strahlende Brünne, und nachdem er sich aus Mimers Stall das schnellste Ross, den Renner Grani gesattelt, zog er aus, neue Abenteuer suchend.

Viele Tagesstunden legte der hörnerne Siegfried zurück. Er sah Berg und Strom und endlich das Meer. Zu Schiffe stieg er, und die Windsbraut schleudert Held und Hengst an eine Felsenküste. Mutig erklomm sie der Renner und trug den Reiter an ein verzaubertes Schloss, das eine flammende Lohe umzingelte. Unschlüssig stand der junge Siegfried und wiederum hörte er über sich des Vögleins helles Gezwitscher:

Siegfried kämpft gegen den Drachen – Denkmal in Bremen von Constantin Dausch (1841–1908).

Lös den Bann! Hinein
Spreng mit Heldenmut
In die Feuersglut!
Schönste Maid wird dein.

Da spornte der Held sein Ross, dass es sich bäumte, schäumte und Reiter und Tier die erstickende Lohe glühend umfing! Siegfried bahnte sich den Weg. Ein kühner Sprung brachte ihn mitten ins Flammenmeer, das prasselnd erlosch. Gelöst war der Bann, vor ihm stand das Zauberschloss in wunderbarer Pracht! Er drang in die Gemächer ein, bestaunte die schlafenden Rosse an ihren Krippen, die schlummernden Rossknechte in den Ställen, die schlafenden Köche am Herde. Dann trat er in den Burgsaal. Ein entzückendes Bild bot sich ihm. Auf dem Ruhebett lag im schimmernden Gewand, im goldblonden Haar funkelndes Gestein, ein göttergleiches Weib.

Der Held hauchte nun einen flammenden Kuss auf ihren rosigen Mund und Brunhild, das blonde Königskind, zum Leben erwachte samt allen, die dem hundertjährigen Zauber verfallen gewesen waren. Sie wollte sich ihrem kühnen Retter zu eigen geben. Siegfried jedoch wappnete sich gegen die Lockungen der verführerischen Göttermaid und verließ sie mit seiner Tarnkappe.

Noch mancherlei Abenteuer hat Siegfried bestanden bei seiner Ausfahrt ins Nibelungenland, wo er den tückischen Zwergen den Schatz entwand samt der zaubernden Tarnkappe. Dann aber befiel den Helden das Heimweh, und er machte sich auf den Rückweg zum väterlichen Schloss am Rhein. Endlich langte er dort an, nachdem er lange fortgewesen war, und berichtete von seinen Abenteuern. Gar groß war die Freude des edlen Herrscherpaares Siegmund und Sieglinde. So endete die Ausfahrt des jungen Siegfried, des Königssohnes von Xanten.

*Siegfried leuchtet aus der mittelalterlichen Nibelungensage am deutlichsten heraus. Für eine Sammlung wie die vorliegende ist das Nibelungenlied zu umfangreich. Ganz fehlen soll dieser Sagenstoff jedoch nicht, deshalb habe ich die Ausformung des »hürnenen Siegfried« genommen, die deutliche Motive dieser Sage enthält, sich in den alten Volksbüchern aber im Wesentlichen auf die jugendlichen Erlebnisse des Sagenhelds beschränkt.*

# Dietrich von Bern: Die Rabenschlacht

*ie Sage um Dietrich von Bern ist so umfangreich, dass hier nur ein Ausschnitt gegeben werden kann. Zum besseren Verständnis kurz zusammengefasst die ganze Sage: Dietrich wächst in Verona auf. Sein Waffenmeister Hildebrand bleibt bei ihm bis ins hohe Alter. Es sammeln sich um Dietrich Kampfgenossen, mit denen er große Heldentaten vollbringt. Nach dem Tod seines Vaters wird er König in Verona/ Bern. Sein Onkel Ermanarich vertreibt ihn und so geht Dietrich zu dem Hunnenkönig Etzel (Attila) ins Exil. Er unterstützt den Hunnenkönig, auch im Kampf mit den Nibelungen. Erst im hohen Alter kehrt Dietrich von Bern mit seinem Waffenmeister in sein Reich zurück. (Siehe Bildtafel 1 nach S. 48.)*

Ein Jahr, nachdem Dietrich von Bern von seinem Onkel Ermanarich aus Bern vertrieben worden war, weilte er am Hof des Hunnenkönigs Etzel. Kein Lächeln kam auf seine Lippen, denn immer dachte er daran, dass er ein Vertriebener war. Doch Etzel hatte ihm versprochen, ihm bei der Wiedererlangung seines Reiches zu helfen und rüstete ein gewaltiges Herr.

Da ließ König Dietrich die Schlachthörner blasen, und sogleich erklangen auch aus Diethers und Rüdigers Lagern die schmetternden Rufe. Das Heer zog durch eine Furt über den Strom gegen die Feinde. Sechs Scharen zogen in die Schlacht gegeneinander: Der starke Herzog Walther trug Ermanarichs Banner; das war gewirkt aus schwarzer, goldgelber und grüner Seide und mit goldenen Schellen ringsum behangen, die weithin über das Schlachtfeld klangen. Dahinter ritten dessen Herzöge Sibich, Reinald und Wittig mit jeweils eigenen Reitern und vielem Fußvolk.

Dietrich befahl Meister Hildebrand, sein Löwenbanner Sibich entgegenzutragen. Reinalds Banner, rot wie Blut und drei goldene Knäufe hineingewirkt, flog dem Rüdigers entgegen. Der starke Runge trug Wittig das Banner voraus; das war schwarz, mit weißem Hammer, Zange und Amboss. Ihm entgegen ritt Jung-Diether, Nudung trug dessen Banner. Um dieses scharten sich Etzels Söhne, Helferich und viele Edelleute. Sie waren an Waffen und Wehrkleidern so reich mit Gold geschmückt, dass ein Glanz von ihnen ausging, als sähe man in Feuer.

König Dietrich ritt allen voran, schwang sein Schwert und hieb zu beiden Seiten Männer wie Rosse nieder. Er fällte einen Feind über den andern. Hildebrand hielt mit einer Hand das Banner hoch und erschlug mit der andern manchen Mann. Wildeber folgte ihnen stets.

»Oft haben wir Russen und Wilkinen besiegt«, rief Dietrich, »heute kämpfen wir für unsre Heimat! Vorwärts, meine Goten!« Und mitten in Sibichs Schar ritt Dietrich mit seinem Gefolge und schlug alles nieder, was ihm widerstand. Da wagte keiner mehr, gegen ihn zu streiten. Wildeber drang nach einer anderen Richtung in die Feinde, und wohin er kam, behielt kein Mann weder Waffen noch Leben vor ihm. Das sah Herzog Walther, wie Wildeber die Männer erlegte gleich jagdbarem Wild und wie die Krieger flohen, sobald sie ihn nur sahen. Da ritt er ihm hitzig entgegen, stieß ihm die Bannerspitze in die Brust und im Rücken drang sie heraus. Wildeber aber hieb mit dem Schwert den Speerschaft vor seiner Brust ab, ritt dicht an Walther heran und mit einem letzten Hieb schlug er ihm auf den Schenkel; die Brünne sprang entzwei, das Schwert blieb erst im Sattel stecken; dann sanken beide tot von den Hengsten.

Als aber Sibich Walther erschlagen und Ermanarichs Banner gesunken sah, floh er mit seiner ganzen Schar und Ermanarich folgte ihnen. Dietrich setzte nach und die Goten erschlugen, wen sie erreichten.

Wittig sah Sibich fliehen und drang nun, den Sieg noch zu retten, mit doppeltem Ungestüm vorwärts. Er ritt Nudung zu grimmem Einzelkampf an. Mit sausendem Streich hieb er zuerst die Bannerstange entzwei. Das Banner sank, und sogleich tat er einen zweiten Schlag gegen Nudungs Hals, dass Haupt und Rumpf vom Rosse niederfielen.

Eine Szene aus dem umfangreichen Sagenschatz um Dietrich: Der Held jagt einem Elch nach.

»Seht Wittig, wie er uns Nudung erschlägt! Auf, gegen ihn!«, rief Ortwin Helferich zu; beide sprengten auf Wittig und den starken Runge ein, mit geschwungenen Schwertern, und ein wilder Kampf begann. Ortwin und Helferich fielen tot zur Erde, bevor noch Erp und Diether herzukamen. Diether tat einen schweren Hieb auf Runges Helm und spaltete diesen und den Schädel dazu; der Bannerträger stürzte tot vom Ross. Aber währenddessen kam mit wildem Racheschrei Erp gegen Wittig gerannt und führte Streich auf Streich nach dessen Haupt. Zürnend schwang Wittig sein Schwert Mimung empor und fällte den ungestümen Knaben zur Erde. Da erbleichte Jung-Diether vor Leid und Zorn; er kam zu spät, den Freund zu retten; grimmig schlug er auf Wittig ein.

»Reite hinweg, Jung-Diether – um deines Bruders willen mag ich dir kein Leid antun –, reite hinweg und schlage dich mit andern!«, rief Wittig. Aber Diether antwortete: »Meine Jungherren hast du, böser Hund, mir erschlagen. Rache will ich für sie; du oder ich, einer muss das Leben lassen.«

Und er hieb aus aller Macht auf Wittigs Helm. Jedoch der Helm war hart; das Schwert sprang ab und fuhr vor dem Sattelbogen nieder in den Hals des Rosses, dass dessen Haupt abflog; so ließ Schimming sein Leben. Wittig aber sprang aus dem Bügel und rief: »Fürwahr, nun muss ich tun, was ich nicht will, oder mein Leben verlieren!« Dabei fasste er sein Schwert mit beiden Händen, schwang es empor und spaltete Diether von der Achsel bis auf den Gürtel.

Als er aber den Jüngling tot daliegen sah, brach er in Tränen aus und klagte laut: »Weh! Dass ich dich erschlagen habe. Nun muss ich vor Dietrich immerzu fliehen.« Doch der Kampf tobte um ihn fort; er schwang sich auf Diethers Ross und stürmte ins dickste Getümmel.

Ulfrad trug Rüdigers Banner. Sie hatten in männlichem Streit viele Amalungen erschlagen, die ihnen Herzog Reinald entgegengeführt. Der warf einen Riesen über den andern, Ross und Brünne waren ihm ganz blutig. Da sah er, wie die Amalungen vor Ulfrad, seinem Blutsfreund, wichen. Todeskühn ritt er dem Bannerträger mit gesenktem Speer entgegen und durchbohrte ihm Brünne und Brust. Tot sank Ulfrad aufs Walfeld.

Doch Rüdiger nahm das Banner auf, hielt es empor und ritt vorwärts. Reinalds Bannerträger hieb er den Kopf ab und schlug dessen Banner nieder. Als nun die Amalungen Sibichs sahen, wie Sibich geflohen, wie ihr Banner gesunken war, da wandten auch sie sich zur Flucht und Reinald wurde von seinen eignen Mannen mit fortgerissen.

Eilig sprengte nach Diethers Fall ein Bote hinter dem Berner her und rief: »Reite nicht länger den Fliehenden nach, kehr' um! Erschlagen liegen Nudung und Helferich, daneben Etzels Söhne und Diether, dein Bruder. Das alles hat Wittig getan. Kehr' um und räche sie!«

»Wehe!«, klagte Dietrich. »Sterben will ich oder sie rächen.« Er wandte sein Pferd Falka, stieß es mit dem Sporn und ritt so scharf, dass sein Gefolge weit hinter ihm zurückblieb. Harmvoll, grimmig und zornig sprengte er übers Schlachtfeld. Brennendes Feuer flog aus seinem Munde. Die noch kämpften, senkten die Waffen und flohen entsetzt vor seinem Anblick. Da schaute Wittig den Zornigen und – floh längs des Stromes. Aber Dietrich folgte ihm und rief ihn an: »Warte, Wittig! Ich muss meinen Bruder rächen, den du mir erschlagen hast. Bist du ein Held, so warte auf mich.«

Wittig tat, als hörte er nicht und ritt nur schärfer.

»Wenn du Mut hast, so warte; Schande ist's, vor einem Manne fliehen, der seinen Bruder rächen will.«

»Nur aus Not erschlug ich Diether«, antwortete Wittig, das Haupt halb wendend, »und wahrlich, ich hätt' es nicht getan, hätte ich anders mein Leben retten können. Mit Gold und Silber will ich ihn dir büßen.« Er trieb dabei sein Ross vorwärts, was es nur laufen konnte. »Gelben Hafer«, flüsterte er ihm ins Ohr, »und lindes Heu will ich dir geben; nur rette mich diesmal!« Aber Dietrich drückte Falka den Sporn ein, dass das Blut hervorspritzte. So kamen sie an die brausende See. Todesmutig sprengte Wittig in die Wellen. Dietrich war ihm um eines Rosses Sprung nahe gekommen und schoss seinen Speer nach ihm; aber zugleich versank Wittig in die See. Der Speer fuhr in die Erde und blieb da stecken. Eine Meerminne fing den sinkenden Wittig in ihre Arme auf und führte ihn mit sich auf den Meeresgrund. Das war Wachhild, Wittigs Ahnmutter.

Dietrich sprengte dem Verschwundenen nach ins Meer, weit, weit, bis ihm die Flut den Sattelbogen überspülte. Da musste er umkehren. Er wartete lange am Ufer, ob er ihn nirgends sähe. Wie er aber nicht wiederauftauchte, ritt er zurück aufs Schlachtfeld.

Da lagen Helches Söhne in ihren weißen Brünnen und harten Helmen, die ihnen doch nichts gefrommt hatten. Dietrich küsste ihre Wunden und biss sich vor Schmerz in den Finger und klagte laut: »O, lebtet ihr und ich läge tot! Weh mir! Du lieber Bruder Diether, da liegst auch du starr und kalt! Und ich konnte dich nicht einmal rächen.« Dann erhob er sich. Die Edlen und Mannen versammelten sich um ihn.

»Markgraf Rüdiger, fahre heim mit deinem Kriegsvolk«, sprach Dietrich. »Ich kehre nimmer zurück ins Hunnenland, weil ich Helche verhieß, ihr die Söhne wiederzubringen; und das kann ich nun nicht erfüllen.«

Da riefen Vornehme und Geringe: »Ziehe du mit uns! Wir alle wollen für dich sprechen bei Etzel und Helche.«

Und Rüdiger sprach: »Nur zu oft werden uns die liebsten Helden in der Schlacht gefällt. Willst du nicht mit uns ziehen, so folgen wir dir. Streite denn mit Ermanarich, bis du dein Reich wiedergewonnen hast.«

Aber Dietrich hatte seinen Sieg mit so großen Verlusten für Etzels Heer erkauft, dass er nicht wagte, dasselbe ferneren Schlachtgefahren auszusetzen, und zog mit zurück nach Hunnenland. In Susa angekommen, verbargen sich Dietrich und Hildebrand in einer kleinen Hütte. Rüdiger sollte die traurige Botschaft in die Königshalle tragen. Als er eintrat, liefen schon die Rosse der Jungherren mit ihren blutigen Sätteln in den Burghof. Die sah Helche und erriet, was ihr Leides geschehen.

»Heil dir, König Etzel«, grüßte der Markgraf seinen Herrn.

»Willkommen, getreuer Rüdiger! Lebt Dietrich und gewannen die Hunnen Sieg oder Unsieg?«

»König Dietrich lebt und die Hunnen haben Sieg gewonnen. Aber tot liegen zu Raben auf dem Schlachtfeld eure Söhne.« Da brach Helche in laute Klagen aus und verfluchte den Berner.

Dietrich entdeckt die Königin Virginal – eine weitere Szene aus der Sage um Dietrich von Bern.

»Wer von den Helden ist mit unseren Söhnen gefallen?« fragte der König dumpf.

»Herr, mancher gute Degen; vor allem Jung-Diether, der treue Helferich und Herzog Nudung, Wildeber und viele andre.« Und Rüdiger erzählte nun, wie die Knaben erschlagen wurden, von Wittigs Flucht und wie ihn die See Dietrichs Rache entrissen habe. Und wieder sprach der König: »Nun ist's geschehen wie oft zuvor; die müssen fallen, die zum Tode bestimmt sind. Wo ist Dietrich?«

»Dietrich und Hildebrand sitzen in einer Hütte; die Waffen haben sie abgelegt; und so sehr bekümmert Dietrich der Jungherren Verlust, dass er nicht vor dein Antlitz treten will.«

Etzel sandte zwei Boten nach ihm, aber sie kamen zurück ohne Dietrich. Zu groß sei sein Harm, er wage nicht zu kommen. Da erhob sich Königin Helche aus Jammer und Klagen: »Weh, dass ich dem getreuen Mann fluchen mochte!« Und sie ging mit ihren Frauen in die Hütte, wo Dietrich saß.

»Willkommen, König Dietrich«, grüßte sie ihn. »Sage mir, stritten meine Söhne als tapfere Helden, bevor sie fielen?«

»Frau, fürwahr, das taten sie«, antwortete Dietrich gramvoll. Und Helche trat zu ihm, schlang ihre Arme um seinen Hals, küsste ihn und sprach: »Geh nun mit mir zu König Etzel, treuer Mann, und sei uns willkommen wie ehedem.«

Da folgte ihr Dietrich in die Halle, trat vor des Königs Sitz, neigte sein Haupt in Etzels Schoß und sprach: »Räche nun dein Leid an mir.«

Aber Etzel küsste ihn, hieß ihn willkommen und setzte ihn neben sich auf den Hochsitz. Und ihre Freundschaft war nicht geringer als vordem.

D*ietrich von Bern ist die zweite große Sagengestalt, die uns aus dem Mittelalter herüberleuchtet. Seine Sage ist mit der Nibelungensage verbunden, insofern, dass er einer der Recken an König Etzels Hof ist. Sein Waffenmeister Hildebrand hat es sogar zu einem eigenen Heldenlied gebracht. Die Sage um Dietrich von Bern hat auch eine eigene Überlieferung in den skandinavischen Sprachen: Die Thidrekssaga ist außerdem die einzige Quelle, die die Sage um Dietrich vollständig enthält. Mit Bern ist übrigens nicht die gleichnamige Stadt in der Schweiz gemeint, sondern Verona. Ostgoten und Langobarden residierten dort, bis es für das fränkische Reich erobert wurde. Man hat Dietrich von Bern mit dem Ostgotenkönig Theoderich dem Großen in Verbindung gebracht, doch die heutige Wissenschaft geht davon aus, dass dies nicht zutrifft.*

Die Rabenschlacht ist ein reales Ereignis, bei dem der Ostgotenkönig Theoderich der Große gegen Odoaker, den »Rex italiae« (König Italiens) kämpft. Sie fand im Jahr 493 statt. Theoderich gewann, beide Seiten hatten allerdings hohe Verluste zu beklagen, sodass Theoderich zunächst einer gemeinsamen Regentschaft – einem Vermittlungsvorschlag des Bischofs von Ravenna (daher der Name »Rabenschlacht«) – zustimmte. Bei einem Versöhnungsmahl tötete Theoderich Odoaker eigenhändig und erhob sich zum Alleinherrscher.

Das Grabmal Theoderichs in Ravenna im Theoderich-Park (Parco di Teodorico).

# Der Cid

Als vor langer Zeit die Mauren von Marokko her nach Hispanien vorgedrungen waren, herrschte König Alfonso über Kastilien, über León und Asturien; bis Santiago gebot sein Zepter, denn auch alle Grafen von Galicien hatten ihm Treue schwören müssen.

Zu Alfonsos besten Vasallen gehörte der Ritter Rodrigo Díaz von Vivar. Er war zwar nicht hochgeboren und ebenbürtig wie des Königs Grafen, doch niemand handhabte das Schwert wie er, und keiner wusste die Krieger in die Schlacht zu führen und ihnen ein Vorbild zu sein wie dieser treue Lehnsmann.

Darum konnte König Alfonso keinen besseren als den starken Rodrigo Díaz beauftragen, als der Tribut einzutreiben war, den ihm der Maurenkönig von Córdoba und der von Sevilla jährlich zu zahlen hatten. Die Aufgabe war nicht einfach, denn den König von Sevilla bedrängte König Almudafar von Granada, und dieser hatte die Unterstützung tapferer spanischer Ritter. So musste Rodrigo Díaz gegen Araber und Spanier zugleich kämpfen, um seinem königlichen Herrn den schuldigen Tribut bringen zu können. In einer heißen, erbitterten Schlacht besiegte er die Gegner und gewann große Beute. Mit diesen Schätzen und dem Vasallentribut des Königs von Sevilla konnte er König Alfonsos Schatzkammern wieder auffüllen. Sowohl die Mauren als auch die Christen nannten den Ritter Rodrigo Díaz seither nur noch »Cid Campeador«, das ist der Tapfere, der Herr.

Doch diesen strahlenden Erfolg neideten dem Cid viele. Heimtückisch verstanden es die Neider, das Ansehen des Helden beim Herrscher herabzusetzen. Ihre Verleumdungen führten dazu, dass König Alfonso sehr aufgebracht wurde und den Cid aus seinem Reich verbannte. Innerhalb von neun Tagen sollte er Kastilien verlassen.

Der kampfbewährte Held war zu stolz, als dass er gegen diesen Bannspruch des Königs aufbegehrt hätte. Er schickte Boten an seine Verwandten: »Wer mit mir reiten will«, ließ er ihnen sagen, »dem wird Gott die Treue belohnen, und wer sich mir nicht anschließen will, der soll in Gottes Namen bleiben!« Alvar Minaya Fáñez, sein Neffe, sprach im Namen der Verwandten: »Alle werden mit dir reiten, Cid, wohin auch das Schicksal es will, übers weite Land wie durch unwirtliche Wildnis.«

Traurig über den Undank des königlichen Herrn nahm er dann Abschied von Vivar. Seine Frau Jimena mit den beiden Töchtern ließ der Verbannte im Kloster San Pedro zurück.

Als er mit den sechzig Lanzen durch Burgos, die gute Stadt, zog und vorbei an den festen Städten des Heimatlandes, standen an den Fenstern und am Wegrand die Menschen und bewunderten den herrlichen Ritter.

»Welch edler Held!«, klangen ringsum die Stimmen. »Hätte er nur einen Herrn, der so edel ist wie der Lehnsmann!«

Er wandte sich im Sattel zu seinem Neffen um: »Sei versichert, Alvar Fáñez, so wie man uns heute aus unserer kastilischen Heimat verbannt, so werden wir einst in hohen Ehren zurückkehren!«

Doch aus Furcht vor dem gnadenlosen Verbannungsbefehl wagte niemand, dem Heimatlosen Obdach zu gewähren. Durch einen Majestätsbrief wurden alle Bewohner bei strengen Strafen gewarnt, Rodrigo Díaz Cid mit seinen Begleitern Herberge zu geben. So traf er überall nur auf verschlossene Tore.

Nur Antolínez von Burgos wagte, dem königlichen Verbot zu trotzen. Er brachte den müden Rittern Brot und Wein zur Nahrung und machte sich damit selber zum Verfemten, weswegen er sich den Ausziehenden gleich anschloss.

Am Cid lag es nun, für den Unterhalt der Mannen zu sorgen, die ihm in die Verbannung folgten. Dazu überlegte er sich eine List, um Geld zu beschaffen. Er ließ zwei große Truhen bauen, mit rotem Leder beschlagen und mit genagelten Eisenbändern umringen. Die ließ er mit Sand füllen und fest verschließen. Dann sandte er An-

Statue des Nationalhelden El Cid am Santa-Maria-Tor in der kastilischen Stadt Burgos.

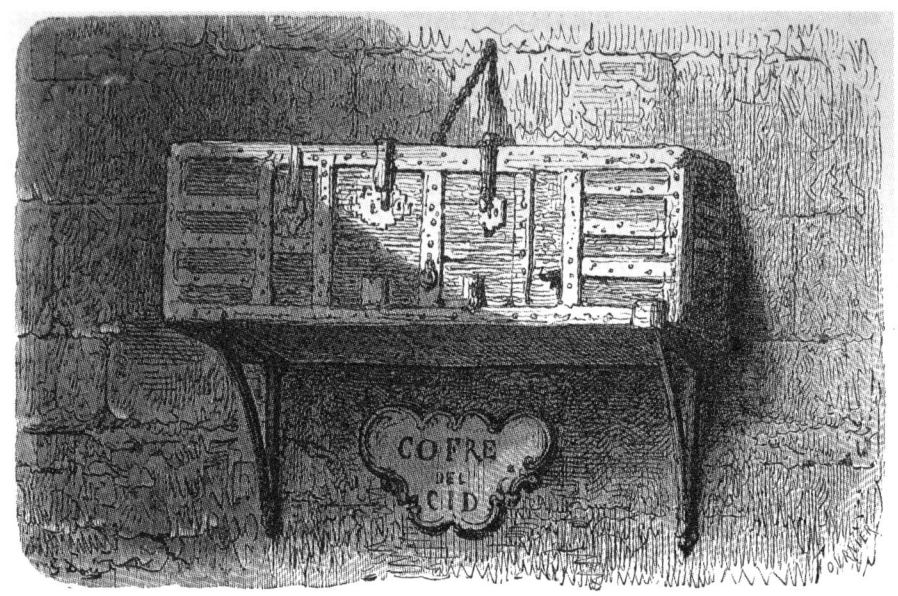

EL COFRE DEL CID (CATHÉDRALE DE BURGOS).

Zeichnung des Koffers des Cid von Gustave Doré, so wie er heute noch in der Kathedrale von Burgos an der Wand hängend zu sehen ist.

tolínez mit diesen Truhen zu zwei jüdischen Geldverleihern und ließ ihnen seine Lage schildern: Dass er vom Könige verbannt sei, das Recht zum Einkaufen verloren habe und nun seinen Schatz verpfänden wolle.

Gern waren Vidas und Rahel bereit, dem Helden zu helfen, und gaben ihm gegen das Pfand das benötigte Geld, sechsmal hundert Mark in Gold und Silber für zwölf Monate. Versprochen wurden ihnen neben den Zinsen kostbare Geschenke, nämlich für jeden einen roten Pelz, wie ihn die Mauren tragen. Die Geldverleiher mussten schwören, die Geldtruhen nicht vor der Zeit zu öffnen. »Das wäre Meineid, und ich brauche euch dann keinen Heller als Zins zu zahlen«, schloss er die Abmachung.

Den ganzen Tag und die Nacht hindurch ritten sie nun der Grenze zu. Ständig wuchs die Zahl der tapferen Männer, die sich ihnen anschlossen. Als Rodrigo Cid endlich rasten ließ und die Mannen in Schlummer sanken, erschien ihm im Traum der Erzengel Gabriel. »Reite nur frohgemut vorwärts«, rief er ihm zu, »niemals ritt ein Tapferer unter besserem Stern!« Das gab dem Ausgestoßenen neue Kraft. Den Cid stürzte der Bannspruch des Königs, der ihn aus der Heimat verwies, zugleich in ein gefährliches Dasein, denn mit dem Überschreiten der Grenze zog er in das Gebiet, in dem die feindlichen Mauren die Macht besaßen.

Die Sonne stand hoch am Himmel, als der Cid seinen Heerhaufen musterte. Die Haupttruppe der Reiter war inzwischen auf dreihundert Mann angewachsen. Dann überquerten sie das Gebirge und ritten dahin ohne Unterlass, denn der Cid wollte seine maurischen Feinde durch unerwarteten Überfall überlisten und ihnen Beute abjagen, die er für den Unterhalt all seiner Mannen benötigte. Sein Neffe Alvar Fáñez gab ihm einen guten Rat: Während er mit zweihundert Lanzenreitern weit ins Maurenland vorstieß, sollte der Cid mit dem Rest der Kämpfer im Hinterhalt bleiben und die Stadt Castejón überwältigen.

Dies wurde gemacht. Als mit dem Morgen das Nachtgewölke zerriss und die Sonne aufstieg, gingen die Einwohner des Städtchens unbesorgt an ihre Tagesarbeit und öffneten die Stadttore. So war es für den Cid ein Leichtes, aus seinem Hinterhalt hervorzubrechen und die Nichtsahnenden zu überraschen. Die Stadt fiel in seine Hände und mit ihr ein unermesslicher Schatz an Gold und Silber. Auch die Reiter unter Alvar Fáñez brachten große Beute mit, Schaf- und Rinderherden, schöne Kleider und gemünztes Gold. Glücklich empfing der Cid den jungen Waffengefährten. Er wollte ihn mit einem Fünftel an der reichen Kriegsbeute beteiligen, doch der Neffe wies alles großzügig zurück: »Solange mich noch die Freude am freien Ritterkampf erfüllt, nehme ich nichts von der Beute als meinen Anteil an.«

Seine Ritter konnte der Cid reichlich entlohnen. Klug machte er auch seinen eigenen Anteil an der Beute zu Geld: Er gab den Bürgern die Möglichkeit, die ihnen geraubten Frauen und die Sklaven, dazu ihre Schätze zurückzukaufen.

Doch dann drängte es ihn, die Gegend zu verlassen. Die Festung würde einer Belagerung nicht standhalten, weil sie allzu schnell ohne Wasser wäre. Großzügig schenkte er vielen gefangenen Mauren und deren Frauen die Freiheit, bevor er mit seinen Rittern und der reichen Beute abrückte. Niemand erriet die Absicht des klugen Heerführers. Er wollte die Festung Alcocer am Gebirgshang, die mit einer Seite im Wasser lag, überraschen. Als er den Ring um die Stadt schloss, boten die Einwohner ihm freiwillig den Zehnten als Tribut an. Doch sie öffneten die Tore nicht.

Wieder wusste der starke Kriegsmann die Feinde zu überlisten. Zum Scheine rückte er ab, die Fahnen hoch im Winde.

»So fliehen Besiegte!«, riefen die Bewohner von Alcocer und dachten aus seiner Schwäche Nutzen zu ziehen. »Wenn wir ihn jetzt überfallen, machen wir große Beute.«

So stürmten sie in ihrer Einfalt zum Tor hinaus. Als der Cid seine Flucht beschleunigte, trieb die Habgier sie dazu, heftiger die Pferde anzuspornen. Als auch der letzte Mann zur Stadt heraus war, wandte Rodrigo El Cid plötzlich seine Fahne: »Ihr Ritter, jetzt jagt Eure Lanzen in die Feinde!«, rief er. Auf kurzem Wege versperrten schnelle Reiter den Mauren die Rückkehr in die Stadt. Fürchterlich war der Kampf, doch die Ritter des Cid blieben Sieger. Die Stadt fiel in seine Hand; hoch auf den Zinnen wehte die Fahne des Cid Campeador.

Voller Grimm sahen die Mauren der Umgebung den Cid als Herrn der Stadt Alcocer. Sie schickten zum König von Valencia und beklagten sich über den frechen Eindringling, der sich als Verbannter hinterhältig in den Besitz der Maurenstadt gesetzt habe und nun auch die anderen Städte bedrohe. Der König musste um seine eigenen Besitzrechte fürchten und sandte sogleich einen Emir, der am Hofe war, mit seinen Mauren gegen den verhassten Eroberer. Dreitausend Mann war das Heer des Emirs stark, das nun in schnellem Ritt auf Alcocer zustrebte, um es zu belagern. Überall schlossen sich kampfbereite Mauren dem riesigen Heerhaufen an. Soweit die Mannen des Cid in die Runde blickten, sahen sie alles Land voll von maurischen Kriegern, die die Stadt einschlossen. Bald war der Ring so eng, dass sie vom Wasser abgeschnitten waren und auch das Brot ihnen fehlte.

Da entschlossen sich die Belagerten zum Kampf. Als sie in der Morgenfrühe zum überraschenden Ausfall die Waffen anlegten, dröhnten dumpf die Trommeln der Mauren. Da stürzten sie aus den Toren, der Ritter Bermúdez, der die Fahne trug, sprengte in den dichtesten Heerhaufen der Feinde. »Wer dieser Fahne dient, wird sie beschützen!«, rief er den Kampfgefährten zu. Da drängten sich Cids Ritter ins Kampfgetümmel, um die Fahne zu retten. »Mahomed!«, schrien die Mauren, »Santiago!«, die Kämpfer um den Cid, die den heiligen Jakob anriefen.

Es war ein fürchterliches Ringen. Manches Kettenhemd wurde durchstoßen, viele weiße Fahnen färbten sich blutig rot. So mancher edle Streiter, ob Maure oder Christ, sank leblos aus dem Sattel. Cid selber stellte den Emir Fáriz zum Kampfe und verwundete ihn so schwer, dass der Maure sich zur Flucht wandte.

Als sich der Tag neigte, war der Sieg für den Cid und seine Mannen entschieden. Unermessliche Beute bot ihnen das feindliche Lager, das sie ausplünderten, über fünfhundert Pferde und an Gold und Silber so viel, dass es den Siegern an

Säcken gebrach, es wegzuführen. Großmütig bedachte der Cid auch die Besiegten. Nun konnte er alle getreuen Mannen, wie sie es verdient, entlohnen. Dann rief er seinen Neffen Fáñez zu sich und übertrug ihm einen ehrenvollen Auftrag: »Minaya«, sagte er, »nimm von der Beute ein Fünftel, dazu dreißig Rosse, gesattelt und mit vollem Zaumzeug, und zieh nach Kastilien zu unserm König Alfonso. Sag ihm, Rodrigo Cid, den er verbannt hat, schickt ihm diese Gaben als Geschenk!«

So erfuhr König Alfonso von Rodrigo Cids glänzender Waffentat. Er nahm die Geschenke gern entgegen. »Den Verbannten, der sich meine Gnade ganz verwirkt hat, wiederaufzunehmen, dazu ist es zu früh«, sagte er jedoch abweisend. Aber er versagte es nunmehr keinem Krieger, sich dem Cid als Kampfgefährten anzuschließen.

Währenddessen drängten die besiegten Mauren darauf, das Verlorene zurückzugewinnen. Sie alle fürchteten das starke Schwert des Siegers. Klug verstand es der Cid, sie tributpflichtig zu halten und durch Verträge zu binden. Um dreitausend Silberstücke kauften sie den Besitz der Stadt Alcocer zurück.

So zog Rodrigo Cid von Neuem aus. Wo er nahte, hörten die Mauren den Namen des starken Heerführers mit Schrecken. Bis nach Saragossa drang der Ruf seiner Heldentaten. Ohne Zögern entrichtete man ihm dort den geforderten Tribut. Als Fáñez vom Königshof zurückkehrte, brachte er seinem Herrn zweihundert Reiter und unzähliges Fußvolk mit, die unter des Cids Fahne zu kämpfen entschlossen waren.

Die Kunde von Cids gewaltigen Waffentaten drang auch zu Ohren des Grafen Ramón von Barcelona. »Soll dieser Fremde unbelästigt hier durchziehen und Land, das unter meinem Schutz steht, ungestraft ausplündern?«, rief er empört.

Zahlreich waren die Christen und Heiden, die dachten wie er. Entschlossen vereinigten sie sich, um den Cid zu vernichten. »Ich werde dem Verfemten zeigen, wen er zu beschimpfen wagt«, rief der Graf aus. In der Feldschlacht, die dann entbrannte, blieb der Cid überlegener Sieger. Graf Ramón, der so großsprecherisch seinen Sieg vorausgesagt hatte, verlor sein kostbares Schwert Colada und wurde vom Cid selbst gefangen genommen. Verbissen verweigerte er alle Nahrung. Rodrigo Cid zeigte ihm seine ritterliche Großmut: »Nehmt Ihr nicht von meinem Brot und meinem Wein, Graf, so sitzt Ihr den Rest Eures Lebens fensterlos im Dunkel! Kommt Ihr jedoch zur Einsicht, so fühle ich mich dadurch entschädigt, dass ich Euch mit zwei von euren Rittern eigenhändig aus dem Gefängnis in die Freiheit führe!«

Da folgte der Graf dem Geheiß und dankte dem Sieger für seine Hochherzigkeit. Der Cid selber begleitete ihn bis an die Grenze und sagte lächelnd: »Sollte es Euch einst in den Sinn kommen, Euch zu rächen, so lasst mich Euer Kommen wissen. Sicher werdet Ihr dann wieder reiche Beute in meinen Händen lassen!«

»Das werde ich nicht einmal mehr zu träumen wagen«, versetzte Graf Ramón mit einem ängstlichen Blick auf den starken Gegner und ritt eilends davon.

Immer größer wurde der Bereich des Maurenlandes, das der Cid als Sieger durchzog. Voller Angst sahen Valencias Einwohner seinen Heerbann nahen. Kühn beschlossen sie dann, ihm zuvorzukommen und ihm im Kampfe entgegenzutreten. Da rief der Cid zusammen, was er an Verbündeten hatte und rüstete sich zur offenen Schlacht mit dem neuen Feind. Minaya Fáñez gab ihm den Rat, die Hauptmacht gegen die Valencianer vorrücken zu lassen, während er sich mit hundert Lanzenreitern abseits hielt und dann so wuchtig von der Seite gegen die Mauren vorstieß, dass all deren Hoffnung auf Rettung nur noch in der Flucht lag. Zwei ihrer Emire fielen auf dem Schlachtfeld, während der Heerhaufen in regelloser Flucht der rettenden Stadt zustrebte. Bis zum Strand des Meeres wagte nun niemand mehr, ihm zu widerstehen.

Ständig wuchs die Zahl der Kämpfer, die angelockt von der Aussicht auf Ruhm und Beute, seiner Fahne folgten. Er belagerte das maurische Valencia, um es der Christenheit zurückzugewinnen. Im zehnten Monat zog er in die Stadt ein. Auf dem Alcázar, der Stadtburg von Valencia, wehte seine Fahne. Ungeheuer war wieder die Beute, die dem Sieger zufiel; großherzig belohnte er auch die Kampfgefährten bis zum letzten Mann.

Dieser Erfolg des hispanischen Eindringlings ließ den König von Sevilla nicht ruhen. Mit dreißigtausend Mannen, alle schwer gewappnet, rückte er aus, um die Stadt zu befreien. Doch der Cid, der Held mit dem langen Bart, zeigte auch diesem Gegner seine machtvolle Überlegenheit. Er stellte ihren König zum Kampfe, verwundete ihn schwer, trieb das Heer in die Flucht und warf es in den Júcar-Strom.

Wieder sandte der Cid seinen treuen Fáñez nach Kastilien, um dem Könige einen Teil der Beute zum Geschenk zu machen. Hundert edle Rosse, alle gezügelt und gezäumt, ein wertvolles Schwert am Sattelgurt, ließ er ihm zukommen. »Bittet ihn um die Gnade, dass Jimena, meine Ehefrau, und die beiden Töchter zu mir kommen dürfen«, ließ er den treuen Neffen ausrichten.

König Alfonso nahm die Geschenke des Verbannten, der fern der Heimat dem Ansehen Kastiliens so ruhmvoll diente, freudig an. Gern auch erlaubte er nun, dass

Frau Jimena und die Töchter zum Vater zogen. Den Besitz des Verfemten, den der König einst eingezogen hatte, gab er dem Helden zurück. Auch alle, die sich entgegen seinem Befehl dem Verbannten angeschlossen hatten, erklärte er für straffrei.

Mit stattlichem Gefolge, denn wiederum drängte eine Menge von Rittern zu dem ruhmreichen Cid, kehrte der treue Fáñez zu seinem Herrn zurück. Wie glücklich war der Held über die Kunde, dass Frau und Töchter nun frei waren! So groß war sein Ansehen, dass die zwei Infanten am Königshofe daran dachten, sich um die Hand der beiden Jungfrauen zu bewerben. Lange schon hatten auch die beiden Geldverleiher, Vidas und Rahel, ihr Darlehen mit hohen Zinsen zurückerhalten. In ehrenvollem Geleit von zweihundert Rittern traf die edle Frau Jimena mit ihren beiden Töchtern, Doña Elvira und Doña Sol, vor Valencia ein. Auf seinem herrlichen Streitross Babieca, das der Cid einst einem Maurenkönig im Kampfe abgenommen hatte, sprengte er ihnen zur Begrüßung entgegen. Niemals war der Held glücklich wie in dieser Stunde des Wiedersehens. Er führte sie auf den Alcázar, die hochgebaute Stadtburg, und zeigte ihnen die prächtige Landschaft ringsum. Dort sahen sie Valencia und das Meer auf der anderen Seite, dazu die weiten, schattigen Gärten. »Dies ist künftig eure und meine Heimat«, sagte der Cid.

Aber noch war die Zeit der Bewährung für den Helden nicht zu Ende. Den König Jucef von Marokko ließ der Ruhm des kastilischen Helden nicht ruhen. »Frech ist er in meine Lande eingedrungen«, rief er zornig aus, »ich werde ihn zu züchtigen wissen.«

Mit einem Heer von fünfzigtausend Mannen setzte er übers Meer und rannte gegen Valencia an. Der Cid wies der angetrauten Gattin und den Töchtern von der Höhe der Stadtburg das riesige Feindesheer, dessen Kampftrommeln herüberdröhnten. »Ich habe euch gezeigt, wie man in der Fremde eine neue Heimat gründet«, rief er ihnen selbstbewusst zu. »Kaum seid ihr hier eingetroffen, so bringen die Feinde Euch Geschenke und für die Töchter den Brautschatz!«

Seine Ritter zogen die Helmriemen fester und rüsteten sich zum Ausfall. Viertausend standen gegen fünfzigtausend. Allen voran kämpfte der Cid auf seinem feurigen Ross. Als sich der Abend neigte, strömten die Mauren in wilder Flucht zum Meer. Ungeheuer, nicht zu zählen, war wieder die Beute. Das Kostbarste war König Jucefs Zelt: Zwei Stangen aus reinem Golde stützten es.

»Ich will es unserm König schicken«, sagte der Sieger, »damit Don Alfonso sieht, was Cid geleistet hat.« Mit zweihundert prächtigen Araberpferden und reichem Beutegut zog der treue Fáñez nach Valladolid, wo der König Hof hielt.

Mit großer Freude empfing Alfonso die Boten, mit Genugtuung erfuhr er von dem neuen Sieg des unvergleichlichen Helden, und gern nahm er die Geschenke entgegen. Jetzt endlich erkannte er an, was der Cid für ihn bedeutete. »Meine Zuneigung ist ihm sicher, wie er es um mich verdient hat. Sagt dem Rodrigo Cid, dass ich ihm zu begegnen wünsche! Meldet ihm auch, dass die beiden Infanten um die Hand seiner beiden Töchter bitten! Der tapfere Mann verdient es, dass sein Ansehen durch diese Verwandtschaftsbande mit dem Hof des Königs gefestigt wird!«

Am Ufer des Tajo traf Rodrigo Cid, der Sieger über die Mauren, mit Alfonso, dem König von Kastilien, zusammen. Mit zahlreichem Gefolge war der Herrscher erschienen, bei ihm waren die Infanten. Mit unendlicher Rührung erlebten alle die Begegnung der beiden Männer. Der König richtete seinen Lehnsmann aus der demütigen Stellung auf und küsste ihn zur Begrüßung. Er selber bat für die beiden Infanten um die Hand der beiden Töchter Doña Elvira und Doña Sol. Kostbare Geschenke wurden ausgetauscht. Großherzig beschenkte der Cid das zahlreich erschienene Volk mit reichen Gaben.

So wandte sich alles zu gutem Ende. In aller Pracht und mit kühnen Turnierspielen feierte man fünfzehn Tage lang die Hochzeit, die den heldenhaften Rodrigo Cid Campeador nun mit dem Königshause verband. In seinem Palast zu Valencia lebte Rodrigo Díaz Cid glücklich mit den Seinen. Die Mauren ringsum fürchteten seinen starken Arm, und alle lobten die weise Regierung, mit der er das Land verwaltete. Prächtig war die Wohnstatt ausgerüstet mit kostbaren Stoffen und Tuchen, Geräten und Möbeln. Das Grün der gepflegten Gärten bot wohltuenden Schatten zum erholsamen Lustwandeln.

Einst geschah es, dass der Held sich zur Ruhe auf seinem Lager ausgestreckt hatte, als eine Bewegung schreckensvoller Unruhe den Palast durchfuhr. Aus dem Käfig im Garten, der die Tiere für die Schaukämpfe barg, war ein Löwe ausgebrochen. Entsetzt flohen die Palastbewohner vor dem Raubtier und suchten Schutz in sicheren Winkeln. Des Cids Schwiegersöhne, die beiden Infanten, zeigten sich wenig mannhaft und verkrochen sich, der eine unter dem Bett, der andere hinter einem dicken Balken der Traubenpresse, die ihm Wams und Hose beschmutzte.

Über dem Lärm fuhr der Cid verwundert aus seinem Schlafe auf. »Edler Herr, ein Löwe«, stammelte einer aus dem Hofgesinde. Ohne Zögern griff der Held nach seinem Mantel und ging, den Löwen zu stellen. Unerschrocken trat er dem Raubtier Auge in Auge entgegen. Sein scharfer Blick schreckte es so sehr, dass es Haupt und Mähne senkte. Der Cid fasste den Löwen an der dichten Mähne, zerrte ihn zum Käfig und stieß ihn hinein. Wie ein Wunder erschien allen diese kühne Tat. Staunend blickten sie auf den unvergleichlichen Mann, der wieder sein heldenhaftes Wesen gezeigt hatte.

D ieses Heldenepos über das Leben des kastilischen Adligen Rodrigo Díaz de Vivar (um 1045–1099), genannt El Cid (Der Cid) ist eines der frühesten Werke der spanischen Literatur, geschrieben in einem mittelalterlichen Kastilisch. Die früheste bekannte Handschrift datiert aus dem 13. Jahrhundert. Die dort geschilderten Vorfälle spielten gut zweihundert Jahre davor. (Siehe Bildtafel 2 nach S. 48.)

Santiago de los Caballeros (Zamora): In dieser Kirche soll El Cid zum Ritter geschlagen worden sein.

# 2. KÖNIG ARTUS UND GRALSSAGEN

Der Gralsmythos ist besonders beliebt, die von ihm ausgehende Faszination vom Mittelalter bis heute ungebrochen. Immer wieder wird er aufgegriffen und popularisiert in Literatur und Film. Dan Browns verfilmter Bestseller Sakrileg *oder der Kinofilm* Indiana Jones und der letzte Kreuzzug *sind nur zwei Beispiele. Dieser Mythos bewegt Menschen, sich zu Logen und Geheimbünden zusammenzuschließen und merkwürdige Riten an vermeintlich magischen Orten wie etwa Stonehenge aufzuführen. In ihm sind keltische und christliche Einflüsse erkennbar.*

*Die Sagen um König Artus kreisen auch um den Gral. In der christlichen Überlieferung ist es Josef von Arimathäa, der mit dem Kelch in Verbindung gebracht wird. Es soll der Kelch sein, den Jesus beim letzten Abendmahl benutzt hat und in dem das Blut Christi unter dem Kreuz aufgefangen wurde.*

*Im Mittelalter blühte die Gralsthematik in der Dichtung geradezu auf. Chrétien de Troyes (vor 1150 – um 1190) lieferte die älteste bekannte Grals-erzählung mit seinem* Perceval-Versroman. *Dieser blieb unvollendet oder ist nur nicht komplett überliefert. Wenig später schrieb Robert de Boron einen weiteren Gralsroman. War es bei Chrétien de Troyes noch eine Schale, beschreibt Boron den Gral schon als Kelch. Zwischen 1200 und 1210 schreibt Wolfram von Eschenbach seinen* Parzival, *möglicherweise zunächst als Übersetzung der Vorlage von de Troyes, aber er erweitert den Stoff und führt ihn auch zu Ende.*

*Hartmann von Aue schrieb mit* Iwein, *Gottfried von Straßburg mit* Tristan *und ein namentlich nicht feststellbarer altfranzösischer Autor im 13. Jahrhundert mit* Lancelot en prose *die Grundlagen der Lancelotsage nieder.*

*Im 15. Jahrhundert fasste der Engländer Sir Thomas Malory (um 1405–1471) die Artussage zu einem großen literarischen Komplex zusammen, vermutlich im Gefängnis, wo er viele Jahre wegen Mordes, Raub, Vergewaltigung und Diebstahl saß. (Siehe Bildtafel 4 nach S. 48.)*

# Wie König Artus geboren und aufgezogen wurde

Als Uther Pendragon König von England war, entbrannte er in Liebe zu Lady Igraine, die Frau des Herzogs von Tintagil. Da diese sich ihm nicht hingeben wollte und mit ihrem Mann floh, belagerte er die Burgen Terrabil und Tintagil, wo beide sich verschanzt hatten, konnte aber zu keinem Ergebnis kommen. Da ließ er den Zauberer Merlin kommen und bat diesen um Hilfe. Dieser stellte die Bedingung, dass er das erste Kind bekäme, das Uther mit Igraine zeugen würde. Der König stimmte zu und so ritten sie los, um zu Tintagil zu kommen. Unterwegs wurden sie vom Herzog überfallen, doch unterlag dieser und fand dabei seinen Tod. Merlin gab Uther Pendragon durch Zauber die Gestalt des Herzogs und so lag dieser in der Nacht Igrain bei, ohne dass diese etwas merkte. Als man ihr aber am nächsten Tag die Nachricht brachte, dass ihr Mann schon vor der Nacht gefallen war, wunderte sie sich sehr. Später heiratete der König Lady Igraine. Als das Kind geboren wurde, übergab er es, wie versprochen, an Merlin, der es zu Sir Ector brachte, der gelobt hatte, für die Pflege des Kindes zu sorgen. Der Junge wurde auf den Namen Artus getauft. Sir Ectors Weib stillte das Kind selbst an ihrer Brust.

Nachdem Uther Pendragon gestorben war, da ließ Merlin durch den Erzbischof von Canterbury alle Lords und Ritter des Reichs zur Weihnacht nach London rufen. Als die erste Messe in der St.-Pauls-Kirche vorüber war, gewahrte man auf dem Platz vor der Kirche einen großen Steinblock und mitten darauf einen stählernen Amboss. Darin stak, tief hineingestoßen, ein Schwert. Dabei stand geschrieben: Wer dieses Schwert aus diesem Stein und Amboss zieht, der ist der rechtmäßige König von ganz England. Zehn Männer Ritter mit gutem Leumund wurden bereitgestellt, das Schwert zu bewachen. Dann ließ man überall ausrufen, dass jedermann versuchen könne, das Schwert herauszuziehen. Für den Neujahrstag wurde ein großes Turnier angesagt, denn der Erzbischof hoffte, dass jemand dabei sei, der das Schwert aus dem Stein ziehen würde.

Auch Sir Ector und sein Sohn Sir Kay, der zu Allerheiligen gerade zum Ritter geschlagen worden war, und Artus kamen, weil Sir Kay am Turnier teilnehmen wollte. Auf dem Weg zum Turnierplatz vermisste Kay sein Schwert und schickte Artus zurück, dies zu holen. Weil dieser aber beim Lanzenstechen zusehen wollte, ging er nur zur Kirche und zum Stein. Kein Ritter war dort, denn auch die Wächter waren zu den Spielen gegangen. So packte Artus das Schwert beim Griff, zog es mit

Merlin, Abbildung aus der Nürnberger Chronik von 1493.

Leichtigkeit heraus, ritt zurück und gab das Schwert seinem Ziehbruder Sir Kay. Dieser erkannte das Schwert und ging damit zu seinem Vater. Der mochte nicht glauben, dass Artus das Schwert aus dem Stein genommen hatte, und ließ es ihn wieder hineinstecken. Sir Ector und Sir Kay versuchten nun, dass Schwert herauszuziehen, was ihnen jedoch nicht gelang. Artus jedoch zog es ohne Mühe erneut heraus. Da knieten Sir Ector und Sir Kay vor Artus nieder und nannten ihn ihren König. Auch erzählte Sir Ector nun, wie er zu ihnen gekommen sei.

In der Folge versuchten sich noch viele Ritter an dem Schwert im Stein, weil sie nicht glauben wollten, dass ein Knabe ihr König sein solle. Doch es gelang keinem außer Artus. Endlich erkannten sie ihn als ihren König an und fielen vor ihm auf die Knie. Artus nahm das Schwert und legte es auf dem Altar nieder, an dem der Bischof stand und wurde von diesem ranghöchsten Mann, der anwesend war, zum Ritter geschlagen.

Innerhalb weniger Jahre eroberte Artus den ganzen Norden, Schottland und auch die Teile von Wales, die gegen ihn standen. Er besiegte alle durch kühne Heldentaten und die Tapferkeit seiner Ritter der Tafelrunde.

HIt befel in the dayes of Vther pendragon when he was kynge of all Englond / and so regned that there was a myȝty duke in Cornewaill that helde warre ageynst hym long tyme.

*S*o beginnt Le Morte d'Arthur *von Syr Thomas Malory in mittelenglischer Sprache, das von Mitte des 12. bis Mitte des 15. Jahrhunderts gesprochen und geschrieben wurde. In einer Vorrede bereits zur ersten Ausgabe des Werkes im Jahr 1485 spricht William Caxton davon, dass viele meinen, König Artus habe nie gelebt, erwähnt aber auch, dass es im Französischen viele Bücher über sein Leben und seine Taten gebe. Dann führt er eine lange Reihe von Quellen an, die auf das* *vermeintliche Grabmal König Artus', auf den Schädel von Gawain und Craddocks Mantel in der Burg von Dover verweisen. In Winchester sei sogar die »Runde Tafel« noch erhalten (siehe Bildtafel 5 nach S. 48) und anderswo Lancelots Schwert. Wenn man all dieses in Betracht ziehe, so schreibt Caxton, könne kein Mensch vernünftigerweise leugnen, dass es König Artus gegeben habe.*

# König Artus und die Dame vom See

König Artus und Merlin kamen nach der Schlacht zu einem frommen Einsiedler, der auch ein guter Arzt war. Dieser untersuchte alle Wunden des Königs und gab ihm hilfreiche Salben. Nach drei Tagen konnte der König weiterreiten, beklagte sich bei Merlin aber, dass er kein Schwert habe. »In der Nähe ist ein Schwert«, sagte Merlin. »Das kann euch gehören.« Bald kamen sie an eine klaren und breiten See, in dessen Mitte ein Arm herausragte, dessen Hand ein prächtiges Schwert hielt. Da kam ein Fräulein über den See gefahren. »Das ist die Dame vom See«, sagte Merlin. »Redet freundlich mit ihr und bittet sie um das Schwert.« Das tat Artus und die Dame sagte: »Das Schwert soll euch gehören, wenn ihr mir ein Geschenk gebt, um das ich euch beizeiten bitten werde.« Dies versprach Artus und erhielt das Schwert von der Dame des Sees. Da stiegen Artus und Merlin in das Boot, ruderten zu dem Arm hinaus und nahmen ihm das Schwert aus der Hand. Daraufhin verschwand der Arm in den Tiefen des Sees.

Als sie eine Weile unterwegs waren, fragte Merlin den König: »Was gefällt Euch besser, das Schwert oder die Scheide?«

Artus besah sich beides und antwortete: »Das Schwert gefällt mir besser.«

»Ihr seid töricht«, sagte Merlin. »Solange ihr die Scheide bei euch traget, könnt ihr kein Blut verlieren, wie sehr Ihr auch verwundet seid.« Schließlich kamen sie nach Carlion, wo Artus' Ritter bereits auf ihn gewartet hatten. Als sie hörten, welche Abenteuer dieser erlebt hatte, staunten sie darüber, dass er sich allein solchen Gefahren ausgesetzt hatte.

\*

Als Artus wieder auf Camelot weilte, kam ein Fräulein mit einer Botschaft der Edlen Frau Lile von Avalon. Vor dem König ließ sie ihren Mantel fallen und da sahen alle, dass sie ein prächtiges Schwert umgegürtet hatte. »Aus welchem Grund tragt ihr dieses Schwert?«, fragte Artus. »Dieses Schwert muss ich tragen«, antwortete das Fräulein, »bis mir ein Ritter, der ohne Falschheit und Tücke ist, das Schwert aus der Scheide zieht. Ich war schon am Hof des Königs Rience gewesen, doch hat es dort kein Ritter geschafft, das Schwert zu ziehen.« Artus versuchte es, doch es gelang ihm nicht. »Es muss ein Ritter ohne Falsch sein, der von Vater- und Mutterseite her aus adligem Geschlecht ist«, sagte das Fräulein. Nun versuchten es alle Ritter der Tafelrunde, doch keinem gelang es. »Hier sind so gute Ritter wie nirgends auf der Welt«, sagte König Artus. »Dass wir nicht helfen können, betrübt mich sehr.«

Da kam ein armer Ritter aus Northumberland, den Artus ein halbes Jahr lang gefangen gehalten hatte, weil er einen Vetter des Königs im Kampf erschlagen hatte. Balin, so der Name des Ritters, war auf Fürsprache einiger Edelleute gerade freigelassen worden. Er hatte an den Versuchen, das Schwert zu ziehen, nicht teilgenommen, weil er sich wegen seiner ärmlichen Kleidung nicht vorgetraut hatte. Als sich das Fräulein nun von Artus verabschiedet hatte, ging Balin auf sie zu und bat um die Gunst, es ebenfalls einmal versuchen zu dürfen. Sie sah ihn an, erkannte einen stattlichen Mann, sah aber auch die verschlissene Kleidung und sagte: »Herr, es ist nicht nötig, dass ihr meine Qual noch vergrößert. Ihr seid nicht so aus, als hättet ihr Erfolg, wo andere versagt haben.« Da erwiderte er: »Fräulein, gute Eigenschaften und gute Taten stecken nicht in der Kleidung. Ehre und Mannhaftigkeit sind oft in der Person verborgen.« »Das ist wahr«, sagte das Fräulein, »also sollt ihr es einmal versuchen dürfen.« Daraufhin fasste Balin das Schwert und zog es mit Leichtigkeit heraus.

Da staunten König Artus und alle Ritter, und manche waren neidisch auf ihn. Balin besah sich das Schwert und es gefiel ihm sehr. »Dies ist der beste Ritter, den ich bisher gefunden habe«, sagte das Fräulein. »Einer ohne Falschheit, Bosheit und Verrat. Doch jetzt gebt mir das Schwert wieder.« »Nein«, sagte Balin. »Ich will es behalten.« »Damit handelt ihr nicht klug«, entgegnete das Fräulein. »Wenn ihr es behaltet, werdet ihr damit Euren besten Freund erschlagen, den Mann, den ihr am meisten liebt. Das Schwert wird Euer Untergang sein.« »Das will ich auf mich nehmen«, sagte Balin. »Das Schwert gebe ich nicht mehr her.« Da klagte das Fräulein sehr und entfernte sich.

Dann machte sich Balin reisefertig. König Artus bat ihn aber, zu bleiben, denn er sei falsch unterrichtet gewesen und halte ihn für einen trefflichen Ritter. Balin dankte ihm für seine Güte und seinen Edelmut, hielt aber trotzdem an seiner Abreise fest.

*

Währenddessen kam die Dame vom See zu König Artus. Sie verlangte nun das Geschenk, das er ihr versprochen hatte. »Das ist wahr«, sagte König Artus. »Das Geschenk sollt ihr haben. Doch sagt mir zunächst den Namen des Schwertes.« »Es heißt Excalibur. Das bedeutet ›Schneidestahl‹.« »Es ist gut«, sagte König Artus. »Welches Geschenk begehrt ihr nun?« Da sagte die Dame: »Ich verlange den Kopf des Ritters, der das Schwert aus der Scheide gezogen hat oder den Kopf des Fräuleins, das es brachte. Es können aber auch beide Köpfe sein. Der Ritter war schuld am Tod meines Bruders und das Fräulein am Tod meines Vaters.« »Als Mann von Ehre kann ich euch keinen der Köpfe geben«, sagte König Artus. »Verlangt etwas anderes.« Doch die Dame wollte nichts anderes haben.

Da kam Balin, der gehört hatte, was die Dame vom See verlangte. Er ging zu ihr und sagte: »Ihr wollt meinen Kopf haben, darum sollt Ihr jetzt Euren geben«, und

König Artus bekommt das Schwert Excalibur von der Herrin des Sees.

er schlug ihr mit dem Schwert den Kopf ab. »Was habt ihr getan?«, rief Artus entrüstet. »Ihr habt mich und meinen ganzen Hof entehrt. Dieser Dame war ich verpflichtet. Das kann ich Euch niemals verzeihen.« »Herr«, erwiderte Balin, »es tut mir leid, dass ich Euch erzürnt habe. Doch dieses war die heimtückischste Frau, die je gelebt hat. Sie hat manchen Ritter durch Zauberei und Hexerei getötet und ist schuld, dass meine Mutter verbrannt wurde.« »Das ist egal«, sagte Artus. »In meiner Gegenwart musstet Ihr sie schonen. Verlasst deshalb meinen Hof, so schnell Ihr könnt.« Da hob Balin den Kopf auf und ritt mit seinem Knappen vom Hof.

*D*as Schwert, das Artur aus dem Stein gezogen hat und das ihn zum König machte, hieß Calibum. Dieses Schwert zerschlug Artus später in einer Schlacht. Daraufhin bekam er von der Dame im See ein neues Schwert: Excalibur. Davon erzählt diese Episode.

*Das Abenteuer mit Balin und dem Schwert geht weiter und ist mit anderen Abenteuern und anderen Rittern, auch Lancelot und Tristan, verknüpft. Natürlich hatte das Fräulein Recht. Trotz aller Rechtschaffenheit und Tapferkeit bedeutet das Schwert für Balin den Untergang. Damit endet das zweite Buch des Thomas Malory.*

# Vom Ende König Artus' und seinem Schwert Excalibur

Als König Artus nach seiner letzten Schlacht im Sterben lag, bat er Sir Bedivere, das Schwert Excalibur zu nehmen, an den Strand zu gehen und es ins Meer zu werfen. Dann sollte er zurückkommen und ihm berichten. Sir Bedivere aber überlegte sich unterwegs, dass es eine Schande sei, ein solch kostbares Schwert den Fluten zu übergeben. Er verbarg es und kehrte zum König zurück, die Ausführung seines Auftrags zu vermelden. »Was hast du gesehen?«, fragte Artus. »Herr, ich habe nichts gesehen als Wellen und Wind.« Artus erwiderte: »Du sprichst nicht die Wahrheit. Geh also hin und führe mein Gebot aus!«

Da schämte sich Sir Bedivere, ging zurück und wollte das Schwert im Meer versenken. Aber wiederum schien es ihm nicht richtig zu sein und so verbarg er erneut das Schwert, kehrte zum König zurück und erklärte, er sei am Wasser gewesen und habe das Gebot erfüllt. »Und was hast du gesehen?« »Nichts als Wasserwogen und Wellenrollen.« »Du treuloser Verräter«, schimpfte König Artus. »Nun hast du mich zweimal betrogen. Man nennt dich einen edlen Ritter und du betrügst mich um ein kostbares Schwert? Geh hin und erfülle meinen Wunsch.« Da ging Sir Bedivere an das Meer, nahm das Schwert aus dem Versteck und trat an das Wasser. Er band den Gurt um den Griff und warf das Schwert soweit er konnte in das Meer. Da reckte sich eine Hand aus dem Wasser, griff das Schwert, schwang es dreimal und verschwand in den Fluten. Bedivere kehrte zum König zurück und berichtete ihm nun, was er gesehen hatte.

»Hilf mir von hier fort«, bat König Artus. Da nahm Bedivere den König auf den Rücken und trug ihn ans Ufer. Am Strand wartete schon eine Barke mit vielen schönen Frauen. Drei Königinnen waren unter ihnen und alle weinten laut, als sie König Artus erblickten. Behutsam legte Sir Bedivere den König in die Barke. Diese legte nun ab und fuhr auf das Meer hinaus. »Ach, Herr Artus«, klagte Sir Bedivere. »Was soll nun aus mir werden, wenn ihr von mir geht und mich allein zurücklasst unter all den Feinden?« »Seid nur zuversichtlich«, rief der König, »und tu, was du vermagst. Auf mich kannst du nicht mehr zählen. Ich gehe in das Tal von Avalon, um meine Wunde heilen zu lassen. Wenn du nichts mehr von mir hörst, bete für meine Seele.«

*Später findet Sir Bedivere den toten König Artus in einer Kapelle. Damit ist das letzte Buch von Thomas Malory noch nicht zu Ende. Es wird noch von dem Tod von Sir Lancelot berichtet, bevor das Buch schließt.*

# Parzival und Anfortas

Parzival gelangt an einen See, wo er Fischer nach einer Herberge fragt.
Wohl hören mochten sie sein Fragen:
Unfern vom Gestade lagen
Sie noch, da sie ihn reiten sahn.
Einen sah er in dem Kahn
In so herrlichem Gewande,

Dienten ihm alle Lande,
Es wäre schwerlich noch so gut.
Von Pfauenfedern war sein Hut.
An diesen Fischer wandt' er sich
Und ermahnt' ihn bittendlich,

Dass er ihm riete, Gott zu Ehren
Und seine Zucht zu bewähren,
Wo er träfe Herberg an.
Zur Antwort gab der traurge Mann.
Er sprach: »Herr, nicht bekannt ist mir,

Dass dreißig Meilen weit von hier
Das Land bewohnt und urbar sei.
Ein Haus nur kenn ich nahebei;
Zur Herberg darf ich es empfehlen;
Ihr könnt kein andres heute wählen.

Dort, wo die Felsen enden,
Müsst ihr zur Rechten wenden.
Kommt ihr dahin, der Graben
Lässt euch nicht weiter traben.
So heißt die Brücke senken,
Wollt ihr zum Burghof lenken.«

Er tat, wie ihm der Fischer riet;
Mit Urlaub er von dannen schied.
Der sprach: »Wenn ihr euch nicht verirrt,
So bin ich selber euer Wirth;

o danket, wie wir euch verpflegen.
Nur hütet euch vor falschen Wegen:
Ihr könntet bei der Halde
Irr reiten leicht im Walde;
Unlieb geschäh mir doch daran.«

Wolfram von Eschenbach, *Parzival*, Prolog: »Ist zwiffel hertzen noch gebur.«

Parzival findet die Burg und wird auf den Hinweis, dass er den Weg von dem Fischer erfahren habe, eingelassen und auf das Freundlichste empfangen.

Um Wasser bat der junge Mann:
Da er den Rost sich hindann
Gewaschen von Gesicht und Händen,
Da schien er Jung und Alt zu blenden

Wie eines zweiten Tages Helle:
So saß der wonnige Geselle.
Ein Mantel ward ihm hingebracht,
Aus arabschem Stoff gemacht
Und alles Tadels ledig gar:

Den legt er an, der Degen klar.
Die Schnur blieb unverbunden dran:
Da gefiel er Allen, die ihn sahn.
Da sprach der Kammerwärter klug:
»Repans de Schoi wars, die ihn trug,

Meine Frau, die Königin.
Er sei euch von ihr geliehn,
Denn euch ist noch kein Kleid geschnitten.
Wohl mocht' ich sie's mit Ehren bitten;
Denn ihr seid ein werter Mann,

Wenn ich's recht ermessen kann.«
»Gott lohn euch, Herr, dass ihr mir traut.
Wenn ihr recht mich beschaut,
So war das Glück mir immer hold:
Gottes Kraft gibt solchen Sold.«

Als ihn nun ein Mann zum König ausruft, ballt Parzival die Faust vor Grimm, kann aber beruhigt werden, weil man ihm erklärt, dass es die Aufgabe des Ausrufers sei, die Traurigkeit durch Scherze etwas aufzuhellen. Im Saal hängen hundert Kron-

1. Dietrich von Bern
(Illustration, 1823).

2 Statue des Cid im Zentrum der kastilischen Stadt Burgos.

EL CAMPEADOR LLEVANDO
CONSIGO SIEMPRE LA VICTORIA
FVE POR SV NVNCA FALLIDA
CLARIVIDENCIA
POR LA PROVIDENTE FIRMEZA
DE SV CARACTER Y POR SV
HEROICA BRAVVRA
VN MILAGRO DE LOS GRANDES
MILAGROS DEL CREADOR

3 Büste Karls des
Großen im Domschatz
des Doms zu Aachen.

4  Cover (1922) von *The Boy's King Arthur* von Syr Thomas Malory.

5 Der »Runde Tisch« von König Artus (um 1275) in Winchester Castle.

6. Die Burg Wildenberg im Odenwald ist wahrscheinlich der Ort, der in Wolfram von Eschenbachs *Parzival* als Montsalväsch erwähnt wird: »Wer hàt so große Feuer je / Hier gesehn zu Wildenberg?«

7 Friedrich I. Barbarossa monumental
am Kyffhäuser in Thüringen.

leuchter und es befinden sich ebenso viele Ruhebetten darin. Auf jedem befinden sich vier Ritter.

Da brannt' ein Holz, das man mit Namen
Nannte lignum aloe.
Wer hat so große Feuer je
Hier gesehn zu Wildenberg?
Es war fürwahr ein kostbar' Werk.

Der kranke Wirth selber hat
Vor der mittlern Feuerstatt
Auf einem Spannbett Platz genommen.
Zum Bruche war's gekommen
Zwischen ihm und der Freude;

ein Leben war ein morsch' Gebäude.
In den Saal gegangen
Ward da gar wohl empfangen
Von dem, der ihn dahin gesandt,
Parzival der Weigand.

Ihn ließ der Wirth nicht lange stehn,
Er bat ihn, nah heran zu gehn
Und zu sitzen: »hier an meine Seite:
Wies' ich euch in größre Weite,
Das hieß' euch allzu fremd getan.«
So sprach der jammersreiche Mann.

Des Wirthes Siechtum heischte leider
Große Feur und warme Kleider,
Weit und lang, von Zobel fein.
So musste aus und innen sein

[...]

Ritter saßen da genug,
Als man Jammer vor sie trug.
Herein zur Thür ein Knappe sprang,
Eine Lanze trug er, die war lang
(Die Sitte war zur Trauer gut);

Die Schneide nieder tropfte Blut
Und lief am Schaft bis auf die Hand,
Wo es am Ärmel verschwand.
Da ward geweint überall
Und geschrien in dem Saal,

Dass dazu mit Kehl und Augen
Kaum dreißig Völker möchten taugen.
Also trug er den Speer
An den vier Wänden umher
Bis wieder zu des Saales Thür,
Wo der Knappe sprang hinfür.

Da war des Volkes Not gestillt,
Das erst von Jammer stand erfüllt,
Da es die Lanze hatt' erkannt,
Die der Knappe trug in seiner Hand.

Nun kommen Jungfrauen herein, die Leuchter mit Kerzen tragen, gefolgt von Herzoginnen. Vor dem Burgherrn wird ein Tisch aufgebaut, wieder folgen Jungfrauen und zuletzt die jungfräuliche Königin Repanse de Schoie, die den Gral wegen ihrer Reinheit tragen kann. Diesen setzt sie vor dem König ab und tritt dann zurück.

Nach diesem kam die Königin.
Ein Glanz von ihrem Antlitz schien,
Sie wähnten all, es wolle tagen.
Ein Kleid sah man die Jungfrau tragen
Von Pfellel aus der Arabie.

Auf grünseidnem Achmardi
Trug sie des Paradieses Fülle,
So den Kern wie die Hülle.
Das war ein Ding, das hieß der Gral,
Irdschen Segens vollster Strahl.

Repanse de Schoie hieß,
Von der der Gral sich tragen ließ.
Der Gral war von solcher Art:
Sie hat das Herz sich rein bewahrt,
Der man gönnt des Grals zu pflegen:
Sie durfte keine Falschheit hegen.

Lichter kamen vor dem Gral:
Die waren schön und reich zumal.
Sechs lange Gläser hell und klar,
Drin brannte Balsam wunderbar.

Da sie gemessnen Schritts herfür
Zur Tafel kamen von der Thür,
Die Königin verneigte sich
Und jede Jungfrau züchtiglich,
Die da Balsamgläser trug.

Die Kön'gin ohne Falsch und Trug
Setzte vor den Wirth den Gral.
Die Märe spricht, dass Parzival
Sie hab andächtig lang beschaut,
Der der Gral war anvertraut;

Er hatt' auch ihren Mantel an.
Die Sieben gingen sacht hindann
Zu den achtzehn Ersten.
Sie nahmen all die Hehrste
Zwischen sich: Zwölf standen ihr

Zu beiden Seiten, sagt man mir.
Da stand die Magd die Krone tragend
Schön aus den Gespielen ragend.
All den Rittern zumal,
Die da saßen in dem Saal.

Dann werden hundert Tische, je einer für vier Ritter, hereingetragen und gedeckt. An jedem weist ein Kämmerer in goldenem Becken das Handwasser und ein Jüngling einen weißen Zwickel zum Abtrocknen. Dem Wirt und Parzival bietet dies ein Grafensohn kniend an. Zwei Knappen scheiden an jedem Tisch kniend vor, zwei andere tragen Trank und Speise hinzu. Ein goldener Wagen fährt mit goldenem Trinkgeschirr durch den Saal. Hundert Knappen nehmen vor dem Gral Brot in weiße Tücher und verteilen es dann auf die Tische. Von dem Gral kommt an Trank und Speise, was jeder zu essen und trinken begehrt. Parzival bemerkt wohl die Schmerzen des Königs und die allgemeine Trauer trotz dieses Reichtums, der Lehre Gurnemans eingedenk fragt er jedoch nicht nach, als er ein goldenes Schwert geschenkt bekommt, selbst dann nicht, als die Verwundung extra erwähnt wird.

Alles durch des Grales Kraft.
Die herrliche Genossenschaft
Ward bewirtet von dem Gral.
Wohl bemerkte Parzival
Den Reichtum und das große Wunder;

Doch nicht zu fragen unterstund er.
Er gedachte: »Treulich riet
Mir Gurnemans, bevor ich schied,
Viel zu fragen sollt' ich meiden;
Man wird mich hier wohl auch bescheiden,

Wie es dort bei ihm geschah.
So hör ich ohne Frage ja,
Wie es um diese Leute steht.«
Wie er so dachte, sieh, da geht
Ein Knappe her und bringt ein Schwert,

Die Scheide tausend Marken wert;
Das Gehilz war ein Rubin;
Auch war die Klinge, wie es schien,
Großer Wunder Täterin.
Seinem Gaste gab der Wirth es hin

Und sprach: »Es half mir in der Not
Manchesmal, bevor mich Gott
So schwer am Leibe hat verletzt.
Ich hoffe, dass es euch ersetzt,
Was hier fehlt an eurer Pflege;
Führt es künftig allewege:

Ihr seid, erkennt ihr seine Art,
Im Streite wohl damit verwahrt.«
Weh, dass er da vermied zu fragen!
Das muss ich noch für ihn beklagen.

Denn da das Schwert ihm ward gegeben,
Das mahnt' ihn, Frage zu erheben.
Auch jammert mich sein edler Wirth,
Dass er der Qual nicht ledig wird,
Der ihn enthoben hätte Fragen.

Als das Mahl zu Ende ist, wird alles wieder weggebracht in umgekehrter Reihen-
folge. Zuletzt sieht Parzival durch die offene Tür einen schönen schneeweißen
Greis (Titurel) auf einem Bette ruhen.

Ritter bringen ihn in ein Schlafgemach mit prächtigem Bett, wo er von Edel-
knaben entkleidet und noch im Bett von Jungfrauen mit Obst und Getränken
gelabt wird. In der Nacht quälen Parzival Träume. Anderntags findet er seine Rüstung und zwei Schwerter vor dem Bett, sein Pferd ist draußen vor der Stiege an-
gebunden. Doch niemand ist zu sehen. Er verlässt das Schloss. Hinter ihm wird
die Brücke emporgezogen und ein Knappe schilt ihn eine Gans, weil er den Wirt
nicht gefragt hat.

Mit manchem Scheltworte
Sprang er zu Ross. Die Pforte
Fand er weit offen stehn
Und große Stapfen aus ihr gehn.
Die Brücke war hinab gelassen:

Hinüber ritt er seiner Straßen.
Ein verborgner Knappe zog das Seil:
Der Schlagbrücke Vorderteil
Brachte schier sein Ross zu Fall.
Das Haupt wandte Parzival:

Da wollt' er gerne sich befragen:
»Der Sonne Hass sollt ihr tragen«,
Sprach der Knapp. »Ihr seid 'ne Gans.
Hättet ihr gerührt den Flans
Und hättet den Wirth gefragt!
Nun bleibt euch großer Preis versagt.«

Der Gast rief um Erklärung:
Da ward ihm nicht Gewährung.
Wie viel er bat, wie lang' er rief,
Der Knappe tat, als ob er schlief',

Und schlug die Pforte vor ihm zu.
Allzu früh für seine Ruh
Schied da hinweg, der nun mit Leid
Entgalt seiner frohen Zeit:
Die blieb ihm jetzt verborgen.

[...]

Die Fährt allmählich ihm zerrann:
Hier schieden, die ihm sind voran.
Die Spur ward schmal, erst war sie breit,

Er verlor sie ganz: das war ihm leid.
Da erst erfuhr der junge Mann,

Davon er Herzeleid gewann.
Der kühne Degen ohne Zagen
Hört' eine Frauenstimme klagen.
Nass von Tau noch war das Gras.
Vor ihm auf einer Linde saß

Ein Weib, die Treu gebracht in Not.
Gebalsamt lag ein Ritter tot
Ihr zwischen beiden Armen.
Wollt es Einen nicht erbarmen,
Der sie so säh in Schmerzen,

Das geschah aus falschem Herzen.
Sein Ross da zu ihr wandte,
Der sie noch nicht erkannte:
Sie war doch seiner Muhme Kind.
Was irdsche Treue nur ersinnt,

Das ward vor ihrer Treu zunicht.
Nun grüßt sie Parzival und spricht:
»Herrin, mir ist herzlich leid,
Dass ihr so bekümmert seid.
Könnt euch mein Dienst davon befrein,
Zu euerm Dienste wollt ich sein.«

Von Sigune erfährt Parzival nun, dass er zu Monsalväsch gewesen sei und welche Bewandtnis es mit dem Schwert hat. Als sie hört, dass er nicht gefragt hat, schilt sie ihn auf das Heftigste und will nichts mehr von ihm wissen.

»Die ist euch, Herr, wohl nicht bekannt.
Monsalväsch ist sie genannt.
Terre de Salväsch geheißen wird
Das Reich, wo Krone trägt der Wirth.

Vererbt einst hat es Titurel
Seinem Sohn, dem König Frimutel:
So hieß der werte Weigand;
Den Preis erwarb oft seine Hand.
Auch gab ihm eine Tjost den Tod,

Den ihm die Minne gebot.
Vier werte Kinder ließ er nach:
Drei haben Gut, doch Ungemach;
Der vierte wählte Armut:
So büßt er seinen sünd'gen Muth;

Er heißt mit Namen Trevrezent.
Anfortas sein Bruder lehnt,
Denn sitzen kann er nicht noch gehn,
Auch weder liegen noch stehn,
Der auf Monsalväsche wohnt;

Groß Unheil hat ihn nicht verschont.«
Sie sprach: »Wenn ihr gekommen wärt
Zu der Schar, die Gram beschwert,
Vielleicht wär nun der Wirth befreit
Von seinem lang getragnen Leid.«

Zu der Jungfrau sprach der Waleis laut:
»Groß Wunder hab ich da geschaut
Und viel Frauen wohlgetan.«
An der Stimm' erkannte sie den Mann.
Da sprach sie: »Du bist Parzival.
Nun sage, sahest du den Gral
[...]
Lieber Vetter, glaube mir,
So dienet immer deiner Hand,
Was Wunders dort dein Auge fand;
So muss dir die Krone
Des höchsten Heils zum Lohne

Ob allen Würdgen werden;
Was man wünschen mag auf Erden,
Wird dir völlig gegeben:
So reich mag Niemand leben,
Der sich dir vergleichen kann,
Hast du der Frag ihr Recht getan.«

[...]

»Keine Frage«, sprach er, »tat ich da.«
»O weh, dass euch mein Auge sah«,
Sprach die jammersreiche Magd,
»Da ihr zu fragen habt gezagt!

So große Wunder, wie ihr saht,
Dass eu'r Mund da keine Frage tat!
Ihr saht doch den hehren Gral,
Saht edler Frauen reiche Zahl,
Die werte Garschiloie

Und Repans de Schoie,
Schneidendes Silber, blut'gen Speer.
O weh, was kommt ihr zu mir her?
Unseliger, verfluchter Mann!
Ihr tragt des gift'gen Wolfes Zahn,

An dem die Galle bei der Treue
So früh sich zeigt zu später Reue.
Euch hätt' eu'r Wirth erbarmen sollen,
An dem Gott Wunder wirken wollen:
So fragtet ihr nach seiner Not.

Ihr lebt und seid am Heile tot.«
Da sprach er: »Liebe Base, zeigt
Besser, dass ihr mir geneigt.

Ich büß es, wenn ich was verbrach.«
»Das sei euch erlassen«, sprach

Sigune. »Mir ist wohl bekannt,
In Monsalväsch an euch verschwand
Ehr und ritterlicher Preis.
Ihr findet nun in keiner Weis
Antwort fernerhin bei mir.«
So schied Parzival von ihr.

[...]

Parzival kommt dann an den Hof König Artus' und die Legende um den Gral verbindet sich mit der Artussage. Parzival muss manches Abenteuer bestehen, bis er nach Montsalväsch zurückfindet und die Frage stellen kann.

Die Verszeile »Wer hat so große Feuer je / Hier gesehn zu Wildenberg?« lässt vermuten, dass die Burg Wildenberg im Odenwald bei Amorbach, auf der Wolfram von Eschenbach sich aufgehalten hat, als Vorbild für die Gralsburg diente (siehe Bildtafel 6 nach S. 48).

Parzival zählt zu den besterhaltenen mittelhochdeutschen Dichtungen. Die 24 000 Verse dieses Versromans liegen in mehr als achtzig Handschriften – vollständig erhalten und als Fragment – vor. Die 1824 erstellte Edition von Karl Lachmann ist bis heute gültig. Verbreitet ist heute die Übersetzung von Karl Simrock aus dem Jahr 1883, der die hier zitierten Verse entnommen sind. Als neue Übertragung ist die von Dieter Kühn hervorzuheben.

Statue Wolfram von Eschenbachs auf der Mauer von Burg Abenberg, von deren Anger (»anger ze abenberc«) als Turnierwiese im Parzival berichtet wird.

# Lohengrin

In Brabant und in Limburg lebte vor vielen hundert Jahren ein Herzog, der hatte eine schöne Tochter, die hieß Elsa. Der Herzog lag zu früh für seine Tochter im Sterben und war in Sorgen um ihre Zukunft. Wie er nun so dalag in seiner Todesnot, da erinnerte er sich, dass er einen sehr tapferen Ritter in seinem Lande hatte, der hatte in Stockholm einen Drachen getötet. Er hieß Friedrich von Telramonde, und der Herzog von Limburg und Brabant empfahl sterbend seine Tochter in den Schutz dieses berühmten Helden, welcher sein Lehnsmann war.

Friedrich von Telramonde gelobte auch, der Jungfrau in allem hold und gewärtig zu sein und ihr zu dienen, wie er ihrem Vater gedient hatte; aber bald vergaß er seines Eides, wollte sich zum Herrn von Flandern und Brabant machen und verlangte die Hand der schönen Elsa.

Da ihm Elsa das Jawort nicht geben wollte, so verklagte er sie bei König Heinrich dem Vogelsteller, welcher damals in Deutschland und auch in Flandern und Brabant regierte. Dabei behauptete er, dass ihm Elsa anfänglich Hoffnungen gemacht und ihn auf die Zeit vertröstet habe, in welcher sie die Trauerkleidung um ihren Vater abgelegt haben würde. Alsdann habe sie versprochen, sich öffentlich als seine Braut zu erklären. Allein dies bestritt die schöne Elsa mit Fug und Recht. König Heinrich der Vogelsteller wusste nicht, wem er glauben könnte und bestimmte, dass ein Gottesurteil die Wahrheit an den Tag bringen solle. So sollte denn die schöne Elsa einen Kämpfer stellen. Doch diese lag währenddessen von früh bis spät auf den Knien und erwartete ihre Hilfe allein von Gott.

Da läuteten plötzlich zu Monsalvat bei dem heiligen Gral von selbst die Glocken, wie es immer geschah, wenn die Unschuld in Not war. Lohengrin, der Sohn Parzivals, ward zu ihrem Retter bestimmt. Schon stand sein Ross gesattelt auf dem Hofe, schon saß er im Sattel – da sah er auf dem Wasser einen Schwan, der zog ein Schifflein nach. Lohengrin stieg vom Pferde und ließ es von dem Knappen wieder in den Stall führen. Er ging auf das Schiff und gab sich so der Führung des Schwans anheim.

Es versammelten sich aber um Elsa zuletzt ihre getreuen Lehnsleute, wenn auch keiner von ihnen es wagen konnte, mit Friedrich von Telramonde, der den Drachen getötet hatte, zu kämpfen. Mit ihren Lehnsleuten und mit ihren Edelfräulein spazierte nun die schöne Elsa am Wasser entlang. Da kam der Schwan mit dem Schifflein die Schelde heraufgeschwommen. Lohengrin stieg aus und ging auf die Gesellschaft dieser Herren und Damen zu. Der Schwan aber drehte sich sogleich um und fuhr mit seinem Schifflein davon. Man konnte kaum noch Helm, Schwert und Schild herausnehmen und dem Ritter nachtragen.

Lohengrin befragte die Herzogin, worüber sie bekümmert sei, denn er konnte nicht daran zweifeln, dass sie die bedrängte Unschuld war, um derentwillen man das Läuten der Glocke beim heiligen Gral vernommen hatte. Die schöne Elsa erzählte ihm, wie abscheulich sich Friedrich von Telramonde gegen sie benommen, und wie der König Heinrich der Vogler, wie er auch genannt wurde, welcher damals zu Frankfurt am Main Hof hielt, deshalb ein Gottesurteil ausgeschrieben hätte, welches zu Mainz ausgekämpft werden solle.

»Ich werde für Euch kämpfen«, sagte Lohengrin.

Da wurden alle Verwandten und Dienstleute der schönen Elsa nach Saarbrücken bestellt, und von da aus zogen sie zusammen nach Mainz, wo sich an dem festgelegten Tage auch der König Heinrich einfand. Vor ihm, der mit der Krone, Zepter und Reichsapfel dasaß, beteuerte die schöne Elsa nochmals ihre Unschuld. Aber Friedrich von Telramonde beschwor, dass sie ihm anfänglich ein Eheversprechen geleistet habe.

Da gebot König Heinrich der Vogelsteller, dass die beiden Ritter sogleich miteinander kämpfen sollten. Lohengrin, den der heilige Gral ausgesandt hatte, ging als Sieger hervor. Als Friedrich von Telramonde im Sande lag, gestand er, dass er falsch geschworen hatte, und auf Befehl des Kaisers wurde er nach der Sitte jener Zeiten durch Henkershand mit dem Beil vom Leben zum Tode gebracht.

Die schöne Elsa wurde die Gemahlin Lohengrins. Dieser aber verlangte von ihr, dass sie ihn niemals fragen solle, woher er stamme. Lohengrin, der von dem heiligen Gral gekommen war, herrschte nun gar fromm und gerecht über Limburg und Brabant. Gern erfüllte die schöne Elsa sein Gebot, ihren Eheherrn in keiner Weise nach seinem Herkommen zu fragen.

Nach einer Reihe von Jahren aber geschah es, dass Lohengrin auf einem Turnier mit dem Herzoge von Kleve eine Lanze brach und ihm dabei den Arm verletzte. Da ergrimmte die Herzogin von Kleve und sagte, es sei kein Wunder, dass der Gemahl der schönen Elsa seinem Gegner im Turniere habe gefährlich werden müssen, wisse doch niemand, woher der Herzog von Brabant und Limburg gekommen sei, als er zu der schönen Elsa ans Land geschwommen war.

Dadurch fühlte sich die schöne Elsa aufs Tiefste gekränkt. Das verbarg sie nicht vor dem Herzog, als sie allein waren. Da sprach Lohengrin: »Meine liebe Frau, worüber trauert Ihr?« »Herr«, sprach sie, »weil Ihr den Herzog von Kleve beim Turnier verletzt habt, so hat mich die Herzogin beleidigt und Euch geschmäht.«

Da stellte sich Lohengrin, als habe er ihre Rede nicht gehört, und begann, gar freundlich von anderen Dingen zu reden.

Allein am anderen Tage ließ ihn die schöne Elsa wieder ihren Kummer merken. Da fragte der Herzog abermals: »Meine liebe Frau, worüber trauert Ihr?«

Lohengrin erscheint mit dem Schwan in Brabant.

Da sprach sich die schöne Elsa schon deutlicher aus und sagte: »Oh, mein lieber Herr, wie sollte ich nicht trauern? Hat doch die Herzogin von Kleve gesagt, es wisse niemand, woher Ihr gekommen wäret, als Ihr von dem Schifflein stieget, das der Schwan hinter sich herzog.«

Lohengrin stellte sich abermals, als habe er ihre Worte nicht vernommen und redete freundlich von allerlei anderen Dingen, als suchte er seine Gemahlin von ihren Gedanken abzubringen. Dies gelang ihm nicht, und als die schöne Elsa am dritten Tage mit ihm allein war, zeigte sie sich wieder so betrübt, dass Lohengrin fragen musste: »Meine liebe Frau, worüber trauert Ihr?«

»Mein hoher Herr«, antwortete die schöne Elsa jetzt, »Ihr seid so mannhaft und stark! Den Ritter Friedrich von Telramonde, der den Drachen in Schweden erschlagen hat, habt Ihr vor den Augen des Kaisers überwunden! Als Ihr aus Eurem Schifflein ans Land stieget, da seid Ihr allen meinen Mannen sogleich wie ein geborener Fürst erschienen, und sie standen alle um Euch her, als seien sie zu Euren Dienern bestellt. So saget mir denn nun auch, von wannen Ihr gekommen seid und wer Euer Vater ist, denn es kann kein Zweifel sein, dass Ihr von einem sehr hohen Geschlechte abstammet.«

Da wandte sich Lohengrin stillschweigend ab, denn sobald er ihr auf diese Fragen eine Antwort erteilt hätte, musste er Frau und Kinder verlassen. Aber am andern Morgen stand er frühe auf, kleidete sich an, weckte auch seine beiden Kinder und sprach zu seiner Gemahlin: »O Du mein liebes Weib, mich hat Gott selbst zu Dir gesendet! Vom heiligen Gral bin ich zu Dir kommen und mein Vater ist der Ritter Parzival. Diese Antwort gebe ich Dir auf Deine Fragen, damit Du allen stolz unter die Augen treten kannst, die unser Glück beneidet und Dich in diese Unruhe versetzet haben. Ich ermahne auch meine beiden Kinder, dass sie nicht hoffärtig sein sollen, weder in dem hohen Gedanken an Deine noch an meine Vorfahren. Aber damit sie sich der Hoheit und des Ansehens ihres Vaters einst desto besser erinnern können, so hinterlasse ich ihnen mein herrliches Schwert und dieses Horn, auf welchem ein wunderbarer Zauber ruht. Mögen sie diese Geschenke mit Weisheit bedienen!« Damit umarmte und küsste er die beiden Kinder und die Herzogin. Diese sank in eine Ohnmacht, doch Lohengrin durfte nicht bleiben, bis sie wieder zu sich gekommen war.

Er eilte ans Wasser, wo ihn der Schwan mit dem Schifflein schon erwartete. Der Schwan zog das Schifflein jetzt die Schelde hinab und war bald aus den Augen der Zuschauer verschwunden.

Niemals gelang es der Herzogin und ihren Kindern, von Lohengrin wieder eine Nachricht zu erhalten.

Lohengrin aber kam in das Land Lyzaboria und heiratete allda die schöne Belaye. Auch diese wusste nicht, wie er hieß und woher er kam. Sie liebte ihn aber über alles und hütete sich bis an ihr Ende, ihn um das zu fragen, was er ihr verboten hatte.

Wenn Lohengrin auf die Jagd ging, so war sie sehr traurig, sprach kein Wort, antwortete keiner ihrer Freundinnen und saß zu Hause, als ob nur ihr Leib dasäße und ihre Seele sie verlassen hätte. Eine Kammerfrau, welche diesen traurigen Zustand ihrer Herrin oft mit angesehen hatte, riet ihr, ihrem Gemahle im Schlafe ein Stück Fleisch aus der Seite zu schneiden und dieses zu essen. Dadurch würde, wie sie sagte, Lohengrin so an sie gefesselt werden, dass er sie niemals mehr auch nur auf einen Augenblick verlassen könne. Allein darüber ergrimmte Belaye und verwies die Kammerfrau aus ihrer Nähe. Diese aber beschloss, sich sowohl an Belaye als auch an Lohengrin zu rächen.

Sie verklatschte Lohengrin im ganzen Lande, weil er fortwährend umherschweife und Belaye in großen Schmerzen zu Hause sitzen lasse. Es gebe, sagte sie, zwar ein Mittel, um den Lohengrin zur ehelichen Treue zu zwingen. Seine Gemahlin brauche nur ein Stück Fleisch aus seiner Seite zu verzehren, aber das könne sie ihm nicht herausschneiden. Belaye aber wurde von den Rittern und vom Volke sehr geliebt. Deshalb kamen ihrer wohl Tausende vor den Palast und wollten dem Lohengrin das Stück Fleisch aus der Seite schneiden, damit Belaye es essen könne.

Da fuhr Lohengrin aus dem Schlafe auf, denn er hatte einen bösen Traum gehabt und blickte alle so furchtbar an, dass anfänglich niemand Hand an ihn zu legen wagte. Dann aber schlug er so mächtig auf sie ein, dass ihrer wohl Hundert tot am Boden lagen. Nun aber wurde auch das Volk zornig und brachte Lohengrin eine tödliche Wunde bei. Da starb Belaye sogleich vor Schrecken, weil ihr Gemahl fälschlich wegen Untreue verleumdet und dann vom Volke getötet war. Man begrub die beiden Liebenden in einem einzigen Sarg und baute ein Kloster über ihre Gruft.

Das Land Lyzaboria erhielt nach der Ansicht des Volkes zum Andenken an Lohengrin den Namen Lothringen.

Lohengrin als Figur taucht in Wolfram von Eschenbachs Versepos Parzival als Nebenfigur auf. Er verband den Sohn Parzivals mit der Schwanenrittersage, die zu seiner Zeit schon bekannt gewesen war, unter anderem mit dem Hause Bouillon. Im ausgehenden Mittelalter wurde dieser Stoff in zahlreichen Volksbüchern verbreitet. Eine andere Fassung dieser Sage, der Schwanenritter von Kleve, wurde bereits im ersten Kapitel dieses Buches vorgestellt.

Lohengrin – im Hintergrund der Schwan – auch als
Motiv auf einer Nothilfe-Briefmarke von 1933.

# 3. SAGEN UM KARL DEN GROSSEN

*Der Großvater Karls des Großen, Karl Martell, war noch Hausmeier bei den merowingischen Königen. Sein Enkel wurde nicht nur selbst König, sondern sogar der erste westeuropäische Herrscher seit der Antike, der die Kaiserwürde tragen durfte. Karl der Große brachte das Frankenreich zu seiner größten Ausdehnung. Dass er auch lange nach seinem Tod noch in der Erinnerung und vor allem in den Erzählungen der Völker eine große Rolle spielte, verwundert nicht. Nicht nur die Deutschen, auch die Franzosen wissen über den von ihnen sogenannten Charlemagne Sagen zu berichten. Einige wenige dieser vielen Sagen werden in diesem Kapitel vorgestellt. Wenn Sie darüber hinaus noch mehr kennenlernen wollen, dann lesen Sie die Sammlung von Therese und Felix Dahn: Kaiser Karl und seine Paladine. (Siehe Bildtafel 3 nach S. 48.)*

## Karl und Elbegast

Karl weilte in seiner Pfalz zu Ingelheim. Einmal zur Nacht, als er im Schlafe lag, erschien ihm ein Engel und sprach: »Steh auf, dein Leben ist bedroht. Suche Elbegast, den Dieb, zieh' mit ihm aus und teile sein Gewerbe, dann wirst du ein Mittel finden, dein Leben zu retten.« Der Auftrag gefiel Karl nicht, aber da er frommen Glaubens war, gehorchte er. Elbegast war ein Edeling, den König Pippin wegen geringer Schuld mit Einziehung seiner Güter gestraft hatte. Seitdem lebte er von dem, was er großen Herren mit Gewalt abnehmen konnte.

Ohne Begleiter ritt Karl aus und begegnete bald einem verdächtigen Reiter in schwarzen Wehrkleidern. »Waffen heraus!«, rief Karl, »verteidige dich!« Der Fremde setzte sich mutig zur Wehr, doch Karl schlug ihm das Schwert aus der Faust. »Ich bin Elbegast, ein rechtloser Mann«, rief da der Wehrlose, »gib mir Frieden und ich will dir dienen. Wer bist du, Herr?«

Da nannte sich Karl mit falschem Namen und sprach: »Willkommen, Elbegast; ich heiße Magnus und weiß, dass du ein kluger Dieb bist, lass mich dein Gewerbe teilen. In König Karls Pfalz können wir reiche Beute machen.«

»Nein, Herr«, erwiderte Elbegast, »nahm mir auch Pippin um geringer Schuld willen mein Lehen – Karl tat mir nichts zuleide, ihn bestehl' ich nicht. Unweit von hier liegt im Ardennerwald das Schloss des Grafen Eckerich; er ist ein übermütiger, gewalttätiger Mann, dahin will ich dich führen. Ich kenne dort alle Schlupfwinkel.«

Karl war damit einverstanden. Zu Mitternacht kamen sie an das Schloss, sie banden ihre Rosse in einem Versteck an. Während Karl vor den Mauern wartete, schlüpfte Elbegast durch ein ihm vertrautes Pförtlein hinein. Er trug ein zauberkräftiges Kraut bei sich, das legte er nun unter seine Zunge und horchte auf das Krähen der Hähne. Da hörte er, wie sie sagten: »König Karl steht draußen vor der Hofmauer.«

Erschrocken eilte Elbegast zurück und sprach:

»Herr, du bist König Karl, ich hörte es die Hähne im Stall krähen.«

»Tor, wer Zauberei treibt, wird oft betrogen. Ich bin, der ich dir sagte, Magnus, dein Herr, dem du Treue gelobt hast.«

»Lass uns fortreiten, Herr«, bat der Dieb.

»Nein«, antwortete Karl, »ich will selbst in das Schloss. Führe mich!«

In der Burg schlief alles. Elbegast führte seinen Herrn in des Grafen Gemach, wo derselbe neben seiner Gemahlin auf dem Lager ruhte. Beide schlummerten. Elbegast wies Karl ein sicheres Versteck zwischen den Mauern und dem schweren, dichten Vorhang des Bettes. Darauf ging er hinaus in des Grafen Stall und wollte dessen Hengst fortführen. Das Tier wieherte hell auf, davon erwachte Eckerich in seinem Gemach. Er rief den Stallknecht und befahl ihm, nach der Ursache des Lärms zu schauen. Als Elbegast den Knecht über den Hof schreiten hörte, kletterte er auf den breiten Dachbalken, der über dem Rücken des Rosses herragte und legte sich darauf hin. Der Knecht fand den Hengst wie stets in seinem Stande stehen und ging zurück. Nicht lange und der Graf erwachte abermals von dem Gewieher seines Rosses. Er stand auf, ging selbst in den Stall, fand aber alles in Ordnung. Als er sich wieder auf sein Lager streckte, sprach sein Weib: »Du trägst ein Geheimnis mit dir herum, deshalb erschreckt dich eines Hengstes Wiehern.«

»Du hast recht«, antwortete Eckerich, »und es ist wohl besser, du erfährst nun alles. Wir sind zwölf Verschworene gegen Karl. Am nächsten Hoftag wird er fallen, hier im Land aber werde ich König.«

»Wie sollte das geschehen? Schon deine Vorfahren waren Karls Ahnen untertänig. Lass davon, Eckerich, es wird dein Verderben. Und welche sind denn deine Freunde, die ihren Herrn verraten wollen?«

Da nannte er ihr die Namen der Verschworenen und wie sie Karls Reich unter sich zu teilen gedachten. Traurig antwortete die Gräfin: »Das ist abscheulicher Verrat und Torheit dazu. Wie könntet ihr an einem Festtag eurem König mit Waffen nahen!«

»Meinst du?«, lachte Eckerich. »Wir tragen, verborgen im Gewand, zweischneidige Messer und wann wir huldigend vor Karl hintreten, stoßen wir alle zugleich auf ihn.«

»Tu's nicht, Eckerich«, flehte die Gräfin, »ihr alle waret Mannen seines Vaters, der euch Macht und Ehren gegeben hat, und Karl, seinem Sohne, wollt ihr das lohnen mit Mord! Wehe, dass Karl nicht weiß um eure Falschheit.«

»Schweig, Weib«, rief der Graf ärgerlich und schlug ihr mit geballter Faust ins Gesicht. Blut floss aus Nase und Mund. Sie beugte sich über den Rand ihres Lagers und ließ es auf den Estrich träufen. Da hielt Karl leise seinen Handschuh hin und fing die Tropfen auf.

Mählich schliefen der Graf und die Gräfin wieder ein. Elbegast kam geschlichen, nahm auf Karls Geheiß Eckerichs Schwert und schritt voraus dem Stall zu. »Herr«, sprach er dabei, »ich wollte den Hengst stehlen, umsonst; er beißt und schlägt und macht Lärm, sobald ich ihn berühre.« Karl trat schweigend in den Stall und an das Ross, legte ihm den Sattel auf, den Zügel an und führte ihn hinaus. Willig, ohne zu wiehern, folgte der Hengst vor das Schloss. Karl stieg auf und von Elbegast gefolgt ritt er seinem Hofe wieder zu. Vor dem Tore hielt er an und sprach:

»Elbegast, ich mache dich wieder zu einem geachteten Mann in Karls Reich und verhelfe dir zu deinen Rechten. Aber stehlen darfst du fürder nicht mehr; die Hähne haben dir richtig gekräht. Ich bin König Karl.«

In der Halle aber rief er seinen Kanzler: »Höre, Freund, zwölf meiner Großen haben sich verschworen gegen mein Leben; ich weiß ihre Namen, und Eckerich ist ihr Anführer.«

»Dann hat es keine Gefahr. Wir fangen sie sogleich; aber wie willst du sie des Verrats überführen?«

»Das lass meine Sorge sein. Lade du alle meine Getreuen zum Hoftag ein.«

»Wann willst du ihn ansetzen, Herr König, und wo?«

»Um Pfingsten, hier in meiner Pfalz«, schloss Karl.

Am Vorabend des Festes versammelte Karl seine getreuen Vasallen um sich, deckte ihnen den ganzen Verrat auf und ermahnte sie, wachsam zu sein. Am Pfingstmorgen wurde Königsfriede geboten und das Tragen aller Waffen untersagt. Eine feierliche Messe und Festfreuden füllten den Vormittag aus ohne Störung; da, als sich der König ermüdet in seinem Saal in der Pfalz auf das Ruhebett streckte, kamen die Verschwörer geschritten mit demütigen Mienen, ihm ihre Huldigung darbietend. Der König erhob sich und winkte den Wachen, sofort waren die Zwölf ergriffen und die Messer unter ihren Gürteln gefunden. Mit zorniger Stimme schrie Karl sie an: »Verräter und Lügner! Mich, euren Herr, wolltet ihr ermorden! Sieh' her, Eckerich, kennst du dieses Blut?« Er hielt dem Erstaunten den blutgetränkten Handschuh vor die Augen.

»Das ist eine wunderliche Frage«, stotterte der Graf.

»Denke der Nacht, in welcher dein Hengst aus deinem Stalle, dein Schwert aus deinem Gemache verschwunden sind, denke des Faustschlags, den du deinem treuen Weibe gegeben. Ich stand hinter deinem Lager, und hörte eure Reden und fing das Blut auf. Ich führte deinen Hengst fort, dort im Hof steht er, und ich nahm dein Schwert, schau, hier ist es.« Karl wies auf einen hinzutretenden Knaben, der das Schwert in Händen trug. Da erschraken die Verschworenen, sie konnten sich des Verbrechens nicht entlasten und büßten es am Galgen.

Die getreue Gräfin gab der König Elbegast zum Weib und setzte ihn als Grafen ein, an Eckerichs Stelle.

Karl übernahm keineswegs allein die Herrschaft von seinem Vater. Er musste sich diese mit seinem Bruder Karlmann teilen. Ihr Verhältnis war nicht spannungsfrei. Die Mutter Bertrada versuchte, zwischen den Brüdern zu vermitteln, was ihr aber nicht vollständig gelang. Karl hatte auf Drängen der Mutter seine erste Frau verstoßen und eine Langobardenprinzessin geheiratet. Im Jahr 771 brach er mit den politischen Plänen der Mutter, schickte seine Frau zurück zu ihrem Volk und heiratete eine Alemannin namens Hildegard. Obwohl die Spannungen mit seinem Bruder zunahmen, kam es jedoch mit Karlmann zu keiner offenen Konfrontation, weil dieser am 4. Dezember 771 verstarb. Nun schien die Macht für Karl gefestigt, doch die beiden Söhne seines Bruders, die mit der Mutter und einigen fränkischen Adligen ins Langobardenreich geflohen waren, schienen ihm eine Bedrohung zu sein. Als Papst Hadrian um Hilfe gegen die Langobarden rief, zog Karl Ende 773 mit großem fränkischem Heer nach Italien. Bei diesem Feldzug fielen ihm auch die beiden Söhne des Bruders in die Hände, die von diesem Zeitpunkt an aus der Geschichte verschwanden. Dass die Macht im Reich des jungen Königs Karl nicht gefestigt war, zeigt diese Sage. Karl der Große wurde auch Carolus Magnus (lat.) und Charlemagne (frz.) genannt. Auch dies spiegelt sich in dem Namen wider, den Karl gegenüber Elbegast äußert.

# Die rote Erde

Herrn Kaiser Karl zu Aachen
Kam's über die Augen schwer:
»Ich fühl's, nicht wird mich wärmen
Die Frühlingssonne mehr.

Noch einmal muss ich umschau'n,
Wie's steht in meinem Reich:
O wär' ich bei Avaren
Und Arabern zugleich!

Zugleich am gelben Tiber,
Zugleich am grünen Rhein:
Zu groß ist ach! das Erbe,
Der Erbe ist zu klein. – –

Die Nächsten sind die Sachsen:
Bis dorthin reicht's wohl noch:
Sie kämpften dreißig Jahre
Und ich bezwang sie doch!« –

Er zieht mit Graf und Bischof
Nochmal durch Sachsenland:
Der Männer sieht man wenig:
Tot sind sie, landverbannt.

Auf öder, brauner Heide,
Vom Eichbaum überragt,
Liegt ein Gehöft, den Dachfirst
Vom Rosskopf überschragt.

Welk übern tiefen Ziehbrunn
Nickt der Holunder schwer:

Und frische Hügelgräber, –
Sehr viele! – rings umher. –

Ein Weib tritt auf die Schwelle:
Es zerren an ihrem Rock
Die Knaben mit dem Trutzblick,
Die Mädchen im Flachsgelock.

Sie gaffen auf die Fremden,
Auf die bunte Reiterschar:
Es beugt sich aus der Sänfte
Ein Mann in weißem Haar.

Er streicht den Kopf dem Jüngsten:
Der greift nach der Spange licht:
»Wer ist's?«, forscht scheu die Mutter.
»Herr Karl! – Kennst du ihn nicht?«

Laut auf kreischt die Entsetzte
Und reißt die Kinder fort:
»Herr Karl! Der Tod!« – Sie verschwinden
Im nahen Buschwald dort. –

Der Kaiser nächtet im Kloster.
Leer ist's um den Altar:
Kein Laie, – nur die Mönche. –
»Was scheint dort fern so klar?

Was leuchtet durch das Fenster?«
»O Herr – 's ist nicht geheuer:
Die Sachsen sind's im Walde
Bei Wotans Opferfeuer.« – –

Am andern Morgen rheinwärts
Der Kaiser kehrt die Fahrt;

Titelblatt der Werkausgabe von Felix Dahn
mit einer Illustration von Johannes Gehrts.

Er schweigt. – Er betet manchmal,
Er streicht den weißen Bart.

Das Ross führt ihm ein Sachse,
Der alle Steige kennt.
Das Erdreich steht zu Tage,
Wo der Pfad die Hügel trennt.

Warm dampft es aus den Schollen, –
Karl beugt vom Sattel sich:
»Rot ist hier rings die Erde,
Seit wann? Woher das? – Sprich!«

Da hob der graue Führer
Zu ihm den Blick empor:
»Grün war der Wiesenanger,
Die Heide braun zuvor;

Zweihunderttausend Sachsen,
Die starben blut'gen Tod –
Davon ist in Westfalen
Die Erde worden rot.«

Da schüttelt Frost den Kaiser:
»So tief – die Erde rot?
Herr Christus, lösche die Farbe:
Ich tat's auf dein Gebot.«

Starr hat er in die Wolken, –
Auf den Boden starr gesehn:
Der Boden blieb derselbe: –
Kein Wunder ist geschehn. –

Schwer krank kam er nach Aachen
In seinen goldnen Saal:

Er raunte mit sich selber,
Hauptschüttelnd, manchesmal.

Er fragte: »Ist's *noch* rot dort?«
Als er im Sterben lag.
Rot blieb Westfalens Erde
Bis auf den heut'gen Tag. –

(Felix Dahn, 1834–1912)

Bereits Karl Martell und Pippin hatten gegen die Sachsen Krieg geführt, aller-dings ohne Bekehrungsabsicht. Bei Karl dem Großen wurden Missionierungs-kriege daraus. Es waren blutige und grausame Kriege. Das Blutgericht von Verden an der Aller im Jahr 782 bildete einen Höhepunkt. Mehr als viereinhalbtausend Sachsen sollen auf Befehl Karls getötet worden sein. Vielleicht ist diese Zahl über-trieben, aber sie deutet doch auf ein schreckliches, der Abschreckung dienendes Blutgericht hin, das nicht vergessen wurde. Bis heute nicht.

# Der Schlangenring

Kaiser Karl der Große war stets aufs Eifrigste bestrebt, Recht und Gerechtigkeit zu üben in all seinen Landen und er saß häufig selber zu Gericht, um die Klagen und Beschwerden seines Volkes entgegenzunehmen und zu schlichten. Er hatte an dem Tore seines Palastes eine Säule errichten lassen, an deren oberem Ende eine Glocke befestigt war, an der ein Seil hing, das jeder ziehen durfte, der in Nöten war und vom Kaiser selbst Recht verlangte. Eines Tages nun, als Karl gerade beim Mahl saß, geschah es, dass die Glocke gar laut erscholl. Als aber die Diener hinabeilten, wurden sie niemandes gewahr. Während sie dies berichteten, klang jedoch die Glocke von Neuem und der Kaiser gebot ihnen, nochmals zu gehen und genau achtzuhaben, wer der geheimnisvolle Bittsteller sei.

Als sie nun achtsam hinzutraten, gewahrten sie, dass eine buntfarbige Schlan-ge sich an dem Seil emporgewunden hatte und die Glocke zog. Stracks eilten sie zum Kaiser zurück und berichteten ihm das staunenswerte Begebnis. Karl erhob sich alsbald und begab sich hinab, da er dem Tier so wenig als den Menschen sein Recht vorenthalten wollte.

Als die Schlange den Kaiser bemerkte, erhob sie sich ehrerbietig vor ihm und kroch, ihm mit dem Kopf winkend, zu dem nahen Flussufer, wo sich ihr Nest befand, auf dessen Eiern eine riesengroße, hässliche Kröte saß, die der Schlange Trotz zu bieten gewillt war und nicht von dannen wich. Da entschied der Kaiser den Zwist der beiden Tiere in der Art, dass er der Schlange Recht gab und die Kröte wegen ihres räuberischen Überfalls zum Tode verdammte. Dieses Urteil wurde alsbald vollstreckt und die Kröte verbrannt.

Am Tage darauf kam die Schlange zur Mittagszeit wieder, sie neigte sich abermals vor dem Kaiser, wand sich darauf auf den Tisch und ließ aus ihrem Mund einen kostbaren Edelstein in des Kaisers Becher fallen, darauf neigte sie sich nochmals und verschwand dann aus dem Saal.

Jedermann bewunderte den von der Schlange gebrachten Stein, denn er war von wundersamem Glanz und Feuer, und Karl ließ ihn deshalb in einen Ring fas-

Kaiser Karl lauscht dem Anliegen der Schlange.

sen, den er seiner Gemahlin schenkte. Der Stein aber hatte die geheime Kraft, dass er den Kaiser unaufhörlich zu demjenigen hinzog, der ihn besaß.

So kam es, dass Karl seine Gemahlin immer um sich haben wollte, und dass er stets, wenn er auf Fahrten abwesend war, Trauer um sie und Sehnsucht nach ihr empfand. Als nun die Kaiserin erkrankte und starb, war Karl untröstlich und gestattete nicht, dass man seine geliebte Frau zur Erde bestatte. Vergeblich baten ihn seine Fürsten und Räte, er möge nach Gottes Gebot den toten Leib wieder der Erde zurückgeben lassen, der Kaiser hörte auf niemanden, er saß immer bei der Toten, küsste und umarmte sie und redete zu ihr, als ob sie noch lebendig sei.

Da hatte ein frommer Erzbischof, des Kaisers vertrautester Berater, ein Traumgesicht, welches ihm die Ursache des sonderbaren Verhaltens seines kaiserlichen Herrn kund und offenbar machte. Er sah nämlich die Schlange vor der Leiche sich emporrichten und sich bemühen, einen Ring von der Hand derselben herabzuziehen. Der Gottesmann ahnte, dass dieser Traum ihm von oben gesandt worden war. So begab er sich am Morgen in aller Frühe in das Gemach, wo die Tote lag, und zog ihr, ohne dass es der Kaiser merkte, den Ring mit dem Schlangen-Stein, den sie noch immer trug, von der Hand. Als er nun mit dem Geschmeide wieder weggehen wolle, stand der Kaiser auf, warf sich schluchzend in seine Arme und bat ihn, nicht von ihm zu gehen.

Die unwiderstehliche Sehnsucht und Neigung, die er bis zu diesem Augenblick für seine Gemahlin gehegt hatte, wendet sich jetzt auf den Bischof, den er gar nicht mehr von sich lassen wollte. Die tote Kaiserin war vergessen und durfte nun alsbald bestattet werden, der Bischof aber musste bleiben. Karl tat fortan nichts mehr ohne ihn und der fromme Mann hatte Gelegenheit, viel Gutes zu tun und zum Besten der Kirche gar manches Werk zu vollführen, das ihm sonst nicht vergönnt gewesen wäre, aber sein frommes Gemüt nahm doch Anstoß an der zauberhaften Macht, die ihm durch den Stein verliehen war. Er warf deshalb nach einiger Zeit den Ring in eine warme Quelle nahe der Stelle, wo man die Kaiserin beerdigt hatte. Von der Stunde an gewann der Kaiser diesen Ort so lieb, dass er nicht mehr davon weichen wollte. Er ließ in dem warmen Quellwasser Bäder errichten und bald darauf nahe der Stelle eine große kaiserliche Pfalz und einen Dom erbauen. Hieran schlossen sich binnen Kurzem Häuser für das Gesinde und die Handwerksleute an. Bald war aus dem Ort eine Stadt geworden, die von Karl Aachen genannt wurde und in der er nun den größten Teil seines Lebens zubrachte. Er verordnete auch, dass er nach seinem Tode in dem Dom begraben

Kaiser Karl geht nicht mehr fort von der Stelle, an der der Ring liegt.

werden müsse, und dass alle seine Nachfolger sich zuerst in dieser Stadt salben und weihen lassen sollten.

Es geschah nach seinem Gebot, und die Stadt Aachen bewahrt noch bis zum heutigen Tag die Gebeine des großen Kaisers.

*Diese mythisch-klingende Gründungssage der Stadt Aachen hat auf den ersten Blick keinen realen Hintergrund. Es ist bekannt, dass es schon um die Zeit von Christi Geburt eine römische Stadt an den warmen Quellen gab. Der fränkische König Pippin der Jüngere baute im 8. Jahrhundert dann einen Hof dort auf. Aus dem Jahr 765 stammt auch die erste schriftliche Erwähnung Aachens unter dem Namen »Aquis Villa«. Archäologische Funde karolingischer Wohnhäuser gibt es jedoch nicht. Erst Pippins Sohn Karl der Große baute diesen Platz, an dem er sich immer häufiger aufhielt, zu einer Kaiserpfalz aus. So mag es rückblickend für die Menschen so ausgesehen haben, als sei Karl der Große derjenige gewesen, der die Stadt Aachen gegründet hat. Die Palastkapelle wurde die Grundlage für den Aachener Dom. Karl selbst wurde nach seinem Tod im Vorhof der Kapelle beigesetzt.*

# Kaiser Karls Heimkehr aus dem Ungarland

Als Kaiser Karl seinen Heereszug nach dem Ungarland und der Walachei unternahm, um auch dort die Heiden zu unterwerfen und zum Christentum zu bekehren, gelobte er seiner geliebten, vielgetreuen Frau Hildegard, spätestens innerhalb zehn Jahre heimzukehren; wenn er nach deren Ablauf nicht wieder zur Heimat gekommen sei, so möge sie nur seinen Tod für gewiss halten, zugleich versprach er, da Hildegard beim Abschied untröstlich war, dass er ihr jedenfalls Botschaft zukommen lassen werde, damit sie wisse, wie alles ergangen sei. Er werde ihr seinen goldenen Fingerring übersenden. Wer diesen bringe, dem möge sie vertrauen und alles glauben, was dieser Bote ihr künde.

Mit diesem Gelöbnis zog er fort, und bald hörte man am Rhein von Karls Heldentaten. Doch Jahr um Jahr verstrich, ohne dass der geliebte Herr und Kaiser zurückgekommen oder aber der versprochene Bote eingetroffen wäre. Es ging nun schon ins neunte Jahr, dass der teure Held fern war, und plötzlich erhoben sich Gerüchte, die von verlorenen Schlachten im Ungarland und von der Gefangenschaft oder gar dem Tode Karls verstohlen Kunde brachten. Niemand wusste zwar Sicheres hierüber, aber das Eine wenigstens war gewiss, dass der Kaiser immer noch nichts von sich hatte hören lassen. Die wilden aufrührerischen Sachsen benützten die traurige Lage, in der sich die arme Kaiserin samt dem ganzen Reich befand, um sich wiederum zu empören und Raub und Brand bis an den Rhein zu tragen.

Da gingen die Großen des Reichs zu der Herrin und baten sie, sich einen neuen Gemahl zu küren, der das Reich gegen den Ansturm der grimmen Feinde beschützen könne, da man jetzt ja als sicher und gewiss annehmen dürfe, dass der Kaiser nicht mehr zurückkehre. Die hohe Frau in ihrer Treue war aber nicht dieser Meinung. Sie sprach: »Wie möchte ich auch so wider meinen Herrn und Gemahl sündigen und ihm den geschworenen Eid brechen! Er hat mir bis heute das Wahrzeichen nicht gesandt, dass er mir zugehen zu lassen gelobte, als er von hinnen schied.«

Ihr Widerspruch frommte wenig. Die Herren redeten ihr so lange von den Gefahren, in denen das ganze Reich schwebe, vor, bis sie schweren Herzens endlich ihren Willen zu befolgen versprach. Darüber war große Freude bei allen, und es ward sogleich eine Versammlung einberufen, die den reichsten unter den Fürsten des Reichs auswählte, mit dem die Kaiserin nach drei Tagen vermählt werden sollte.

Der starke Herr des Himmels aber hatte es anders im Sinn. Kaiser Karl war nicht tot, sondern lag mit seinem Heer schon seit Jahr und Tag vor einer festen Stadt im Ungarland, die er nicht erobern konnte, und die ihm doch zur vollständigen Unterwerfung der Heiden sehr von Nöten gewesen wäre.

Da sandte der Herr der Heerscharen einen Engel als Boten nach Ungarland und ließ ihm im Traum der Nacht die Kümmernisse künden, in denen seine Frau schwebte.

Als Karl die Botschaft vernommen hatte, sprach er seufzend: »Wie soll ich in drei Tagen hinkommen und einen Weg zurücklegen, der hundertfünfzig Rasten lang ist?« Da entgegnete der Engel: »Weißt du nicht, dass Gott Gewalt hat über alle Dinge im Himmel und auf Erden? Vertraue auf ihn und tu, was ich dir sage! Dein Geheimschreiber, der hat gestern ein windschnelles, starkes Ross eingehandelt. Das lässt du dir geben und reitest mit dem frühen Tagesanbruch. Das Ross wird dich in einem Tag durch Holz und Heide bis in die Stadt Rab tragen. Das sei deine erste Tagesreise! Den anderen Morgen sollst du wiederum mit dem Morgenrot abreiten die Donau hinauf bis gen Passau. Das sei die zweite Tagesreise. Zu Passau sollst du dein müdes Ross lassen. Der Wirt, bei dem du Einkehr hältst, hat ein schönes, kräftiges Füllen. Das kaufe ihm ab. Es wird dich den dritten Tag bis zur Stadt Aachen tragen.«

Der Kaiser erwachte und stand sogleich auf, um zu erkunden, ob das, was ihm der Traum gekündet, wohl wahr sei. Er schritt zu seinem Schreiber und frug den um das Ross, und siehe da, es war so, wie der Engel berichtet hatte. Der Schreiber hatte gestern von einem Landmann ein prächtiges, junges Tier erstanden, das er seinem Herrn und Gebieter mit Freuden zu Verfügung stellte.

Da erkannte Karl, dass der Traum ihm von Gott gesandt sei und tat alsbald, wie ihm geboten war. Er ritt auf dem Ross, das Flügel zu haben schien, durch Holz und Heide in einem Tag bis Rab, ruhte über Nacht und gelangte den zweiten beim Abendschein nach Passau, wo ihm der Wirt gute Herberge in der Halle bot.

Während er beim Abendbrot saß, ging die Herde ein. Da sah er gleich das starke Füllen, griff's bei der Mähne und sprach zum Wirt: »Gebt mir das junge Ross, Herr Wirt! Ich will es morgen über Feld reiten.« Der Wirt weigerte sich aber und sagte: »Das Tier ist noch zu jung, als dass es einem so schweren Mann, wie Ihr seid, tragen könnte.« Da aber der Kaiser ihn zu wiederholten Malen bat und er sah, dass dem Gast das Tier ganz besonders lieb war, so ließ er es ihm endlich ab, nachdem ihm Karl dafür sein eigenes Ross und noch einen Goldgulden gegeben hatte.

Karl machte sich wiederum am frühen Morgen auf und ritt auf dem Füllen, das ihn ohne Beschwerde trug, rasch und unaufhaltsam bis nach Aachen vor das Burgtor, wo er wieder bei einem Wirte einkehrte. Es war heute ein großer Verkehr in der Stadt. Überall wurden die Häuser und Fenster mit Kränzen und Tüchern geschmückt, und großer Schall war von den fahrenden Spielleuten mit Flöten und Singen und Tanzen.

Da fragte er, was das wäre, und der Wirt erzählte ihm nun von der bevorstehenden Festlichkeit. »Eine große Hochzeit wird morgen zu Aachen ergehen«, sprach er, »denn unseres verschollenen Kaisers Frau wird morgen einem reichen König vermählt. Da wird großer Aufwand gemacht und Jung und Alt, Arm und Reich Wein und Brot gereicht, und die Rosse erhalten ungemessenen Hafer, alles ohne Entgelt.«

»Weiset mir mein Gemach!«, sprach da der Fremdling, »ich bekümmere mich wenig um die Kost, die sie in der Stadt austeilen, kaufet ihr mir nur für mein eigenes Geld, was ich nötig habe, und sorgt dafür, dass es gut und reichlich ist!«

Als der Wirt das viele Gold sah, dass der Gast auf den Tisch legte, sagte er bei sich selbst: »Das ist ein feiner Edelmann, desgleichen noch nie bei mir eingekehrt ist.« Er tat nach des Fremdlings Gebot und ließ ihm ein gutes, reichliches Mahl richten.

Nachdem Karl sich gelabt hatte, begehrte er von dem Wirt einen Wächter, der seiner des Nachts über achtgeben und ihn zeitig erwecken möge. Als er nun im Bett lag, ermahnte er den Wächter, wenn man zum ersten Mal im Dom läute, so solle er ihn wecken. Er versprach ihm dafür eine goldene Spange als Lohn. Als nun der Wächter früh morgens die Glocke vernahm, weckte er den Schlafenden und kündete ihm, dass das Geläute im Dom begonnen habe.

Alsbald erhob sich Karl, legte ein reiches Gewand an und schritt, seine Krone unter dem übergeworfenen Mantel verbergend, im Geleite des Wächters zum Burgtor. Dieses war aber noch mit starken Riegeln geschlossen. Der dankbare Wächter aber, der die versprochene Spange pünktlich erhalten hatte, wusste Rat. »Wenn es Euch nicht um Euer Gewand leidtut, das kotig werden könnte«, sprach er, »so könnten wir unten durchschlüpfen.« »Darum kümmere ich mich wenig«, entgegnete Karl und folgte seinem Führer.

Sie kamen glücklich durch. Der Kaiser hieß den Wächter vor dem Dom warten, während er selber durch die offene Pforte hinein und zu dem goldenen Stuhl

Kaiser Karl auf seinem Thron in Aachen.

schritt. Es war nämlich das alte Recht der Franken, dass auf diesem Stuhl nur der König sitzen durfte. Da setzte sich der Kaiser auf den Stuhl und legte sein Schwert über seine Knie. Bald darauf trat der Messner in den Dom und wollte die heiligen Bücher zum Altar tragen. Als er aber auf dem Königsstuhl den hohen Mann mit dem bloßen Schwert in ernstem Schweigen sah, zog er sich scheu zurück und verkündete das wundersame Ereignis seinen Vorgesetzten.

Die Domherren meinten, der Messner habe sich wohl bei der Dämmerung getäuscht. Sie hörten ungläubig die Märe und einer von ihnen ergriff ein Licht und schritt nochmals hinüber zum Dom. Als er aber in Wahrheit den Gewaltigen auf dem Stuhl sah, warf er erschrocken das Licht weg und floh voll Zagens zum Bischof.

Da befahl der Bischof zwei vertrauten Dienern, ihm mit Kerzen zum Dom zu leuchten. Als er den kaiserlichen Helden in würdevollem Schweigen auf dem Stuhl sitzend gewahrte, sprach er in geziemender Scheu: »Kündet mir, Herr, wer Ihr seid, geheuer oder ungeheuer, und wie es gekommen ist, dass Ihr nächtlicherweile hier an dieser Stelle sitzet!«

Da begann Karl zu reden: »Ich war Euch wohl bekannt dereinst, da ich zu Aachen auf dem Stuhl saß. Keiner war an Gewalt über mir.« Mit diesen Worten erhob er sich, sodass ihn der Bischof genauer betrachten konnte.

Da gewahrte der fromme Mann alsbald, dass es in Wahrheit der totgesagte Kaiser Karl sei, und rief voller Freude: »Willkommen, teuerster Herr! Eurer Ankunft dürfen wir froh sein.« Er küsste ihm die Hände und geleitete ihn in das Domherrenhaus, indes er zugleich befahl, dass alle Glocken geläutet würden.

Als die Hochzeitsgäste den zu dieser Zeit ungewohnten Schall der Glocken hörten, fragten sie, was dies bedeute. Als sie vernahmen, dass Kaiser Karl in der Nacht zurückgekehrt sei, stoben sie in wilder Flucht auseinander, da sie nicht zu Unrecht vermuteten, dass der Kaiser ob ihres voreiligen Handelns wohl ein strenges Gericht halten würde. Hildegard aber, die kummergebeugte Gemahlin des Kaisers, eilte sogleich herüber ins Domherrenhaus und warf sich ihrem geliebten Herrn und Gemahl zu Füßen. Mit vielen Tränen berichtete sie ihm, wie alles gekommen sei und wie sie nur um des Volkes und des Reiches willen dem Drängen der Fürsten nachgegeben habe.

Karl hob sie alsbald empor und schloss sie innig an seine Brust. Er wusste, dass sein vielgeprüftes Weib in alter Liebe und Treue an ihm hing. Auf die Fürbitte des Bischofs verzieh er auch den voreiligen Veranstaltern des Vorkommnisses und befahl, dass die Feste der Hochzeit nun zu Ehren seiner glücklichen Rückkehr abgehalten werden sollten.

Es ist unmöglich, den Jubel zu beschreiben, der am ganzen Rhein herrschte, als allgemein bekannt wurde, dass der geliebte Kaiser nicht im Ungarland gefallen, sondern mit Gottes Gnade gesund zurückgekehrt sei. Einen ganzen Monat lang dauerten die Feste und Kampfspiele. Die Brunnen sprangen zu Aachen mit Wein statt mit Wasser. Gar mancher Keller und gar manches Stückfass wurden leer getrunken zu des Herrn Heil, und die Fahrenden verkündeten in allen Landen die Märe von der wundersamen Heimkehr des Kaisers Karl, von der gesagt und gesungen wird bis auf den heutigen Tag.

D ass Karl der Große zehn Jahre lang von Aachen und seiner Frau fernblieb und keiner wusste, ob er noch lebte, ist unwahrscheinlich. Zwar gab es zu der damaligen Zeit noch keine Medien, die Nachrichten derart schnell verbreiteten wie heute, doch blieben Informationen über den Ausgang von Schlachten und den Reisen von Kaisern und Königen nicht lange unbekannt. Richtig ist, dass Karl der Große viel unterwegs war und manchen Kriegszug unternahm. Im Jahr 791 nahm er eine Invasion in das Awarenreich vor, das wohl für das »Ungarland« in dieser Sage steht. Tatsächlich gab es Ungarn noch gar nicht, denn die Magyaren wander-

*ten erst Ende des 9. Jahrhunderts in dieses Gebiet ein. Die Awaren waren Reiternomaden aus dem asiatischen Steppenraum, die den Franken auswichen. Aufstände der Sachsen verhinderten zunächst einen erneuten Feldzug. Nachdem aber bei Machtkämpfen im Awarenreich der regierende Khagan zu Tode kam, brachte eine awarische Delegation das Angebot einer völligen Unterwerfung. Karl akzeptierte dies, insbesondere, weil der Awarenführer sich im folgenden Jahr taufen ließ. 796 unternahm ein fränkisches Heer einen erneuten Feldzug gegen die Awaren, unterwarf diese vollständig und erbeutete den sogenannten Awarenschatz.*

# Eginhard und Emma

Eginhard, Karls des Großen Erzkapellan und Schreiber, der am königlichen Hofe diente, wurde von allen Leuten geschätzt, aber von Emma, des Kaisers Tochter, heftig geliebt. Sie war bereits dem griechischen König als Braut versprochen, doch je mehr Zeit verstrich, desto mehr wuchs die heimliche Liebe zwischen Eginhard und Emma. Beide hielt die Furcht zurück, dass Karl ihre Leidenschaft entdecken und darüber erzürnen könnte. Endlich aber mochte der Jüngling sich nicht länger verstecken. Weil er den Ohren der Jungfrau nichts durch einen fremden Boten offenbaren wollte, ging er bei stiller Nacht zu ihrer Wohnung. Er klopfte leise an der Kammertür, als sei er auf des Königs Geheiß hergesandt, und wurde eingelassen. Da gestanden sie sich ihre Liebe und genossen die ersehnte Umarmung. Als Eginhard bei Tagesanbruch zurückgehen wollte, sah er, dass über Nacht Schnee gefallen war und eine dicke Schneeschicht alles bedeckte. Da scheute er sich, über die Schwelle zu treten, weil ihn seine Spuren bald verraten würden. In dieser Angst und Not erdachte sich die Jungfrau eine kühne Tat: Sie wollte den Geliebten auf ihre Schultern nehmen und ihn, eh es hell wurde, bis nah an seine Herberge tragen, dort absetzen und vorsichtig in ihren eigenen Fußspuren wieder zurückkehren.

Doch gerade in dieser Nacht hatte der Kaiser keinen Schlaf. Er erhob sich zur frühen Morgendämmerung und schaute aus dem Fenster in den Hof seiner Burg. Da erblickte er seine Tochter unter ihrer schweren Last vorüberwanken und nach abgelegter Bürde schnell zurücklaufen. Der Kaiser fühlte Bewunderung und Schmerz zu gleicher Zeit; doch bewahrte er zunächst Stillschweigen. Eginhard aber, welcher sich wohl bewusst war, dass diese Tat nicht verborgen bleiben könne, ratschlagte mit sich, trat vor seinen Herrn, kniete nieder und bat um Abschied, weil ihm doch sein treuer Dienst nicht vergolten werde. Der König schwieg lange und verriet sich nicht. Endlich versprach er dem Jüngling baldigen Bescheid. Unterdessen setzte er ein Gericht an, berief seine ersten und vertrautesten Räte und offenbarte ihnen, dass das königliche Ansehen durch den Liebeshandel seiner Tochter Emma mit seinem Schreiber verletzt worden sei. Und während alle erstaunten über die Nachricht dieses großen Vergehens, sagte er ihnen weiter, wie sich alles zugetragen und er es mit seinen eigenen Augen gesehen hatte, und er jetzt ihren Rat und ihr Urteil wünsche. Die meisten aber, weise und darum mild von Gesinnung, waren der Meinung, dass der König selbst in dieser Sache entscheiden solle. Karl, nachdem er alle Seiten geprüft hatte und den Finger der Vorsehung in dieser Begebenheit erkannte, beschloss, Gnade vor Recht ergehen zu lassen und die Liebenden miteinander zu verehelichen. Alle lobten mit Freuden des Königs Sanftmut. Karl ließ den Schreiber holen und sagte: »Schon lange hätte ich deine Dienste besser vergolten, wenn du mir dein Missvergnügen früher entdeckt hättest. Nun will ich dir zum Lohn meine Tochter Emma, die dich hoch gegürtet willig getragen hat, zur ehelichen Frau geben.« Sogleich befahl er, nach Emma zu senden, welche mit errötendem Gesicht in des Hofes Gegenwart ihrem Geliebten angetraut wurde. Auch gab er ihr eine reiche Mitgift an Grundstücken, Gold und Silber. Nach des Kaisers Tod schenkte ihnen Ludwig der Fromme, durch eine besondere Urkunde, Michlinstadt und Mühlenheim im Maingau, welches jetzt Seligenstadt heißt. In der Kirche zu Seligenstadt liegen beide Liebende nach ihrem Tode begraben. Die mündliche Sage wird dort jedoch so erzählt, dass Karl seine Tochter und ihren Geliebten verstoßen habe. Bei einem Besuch in Mulinheim soll er sie am Geschmack der Pfannkuchen erkannt und ausgerufen haben:

Selig sei die Stadt genannt,
da ich meine Tochter Emma wiederfand.

Von Emma erzählt man noch, dass sie den nah liegenden Wald einmal mit »Oh du Wald!« angeredet habe, woraus der Name Odenwald gekommen sei.

*Die Sage von Eginhard und Emma ist vor allem aus einer Chronik des Klosters Lorsch überliefert, in der übrigens die Tochter Karls mit dem Namen »Imma«*

bezeichnet wird. *Sie ist fiktiv, hat aber einen wahren Kern. Eginhard wird mit dem fränkischen Gelehrten und Chronisten Einhard gleichgesetzt. Dieser erzählt in seiner Chronik* Vita Caroli Magni, *dass Karl seine Töchter so sehr liebte, dass er sie keinem anderen Mann anvertrauen wollte, sie also alle unverheiratet blieben. Er berichtete auch, dass nicht immer alles glatt ging, also Affären passierten, der Kaiser darüber aber hinwegsah. Felix Dahn schrieb dazu in der Einleitung zur Sammlung seiner Frau Therese Dahn*, Kaiser Karl und seine Paladine:

*»Auch etwa, was freilich sehr ernsten Schaden anrichtete, aber doch im Gemüte wurzelte, in einer Schwäche gegenüber seinen Töchtern. Wohl hatte er treffliche Erziehungsgrundsätze: er ließ Söhne wie Töchter vor allem in Wissenschaften und Künsten unterrichten: dann die Söhne, sobald nur die Jahre es verstatteten, nach Germanen- (Franken-) Sitte im Reiten, im Jagen und in allen Waffen üben. Die Töchter wurden, auf daß sie nicht durch Müßiggang stumpf würden, im Spinnen, was übrigens auch ein altgermanischer Zug war, mit Spindel und Rocken unterrichtet und zu aller Ehrbarkeit erzogen. Er liebte die Kinder so zärtlich und pflegte ihre Erziehung so eifrig, dass er nie, wann er daheim war, ohne sie speiste, niemals ohne sie eine Reise unternahm. Die Söhne ritten dann an seiner Seite, die Töchter folgten von ferne, hinter ihnen ritten zu ihrem Schutz hierzu besonders ausgelesene Krieger. Allein mit diesen ›wunderschönen‹ (pulcherrimae) Mädchen erlebte er doch trotz dieser ›Erziehung zur Ehrbarkeit‹ viel Verdruß, nicht ohne eigne schwere Schuld. Obgleich sie ›wunderschön‹ waren und er sie so zärtlich liebte, hat er sonderbarerweise niemals auch nur eine von ihnen einem seiner Franken oder einem Ausländer zu vermählen den Willen gefaßt: sondern sie alle behielt er bei sich im Hause bis zu seinem Tode. Er sagte: ›Er könne ihrer Gesellschaft nicht entraten!‹ Und deshalb (d. h. weil er ihnen die Ehe versagte) erfuhr er, in andern Dingen so sehr vom Glücke begünstigt, an ihnen ›die Bosheit üblen Geschicks‹. Jene auserlesenen Krieger, die ferne nachritten, mochten den schönen Begleiteten unter solchen Umständen gefährlicher werden, als die abzuwehrenden Wegelagerer. In diesem Sinne hat die Sage munter fortgearbeitet und die schöne Liebe von Emma und Einhard erfunden. Die Zustände im Palast waren so schlimm, daß Karl selbst noch durch ein Capitular ungute Weiber aus seiner Pfalz wies. Aber es blieb doch so arg, daß Ludwig der Fromme sofort nach des Vaters Tod eine grimmige Säuberung des Palastes vornahm; man sieht, Sage, Dichtung und Klatsch fanden hier reichen Stoff.«*

# Kaiser Karl im Untersberg

Der Untersberg oder Wunderberg liegt eine kleine deutsche Meile von der Stadt Salzburg an dem grundlosen Moos, wo vor Zeiten die Hauptstadt Helfenburg soll gestanden haben. Er ist im Innern ganz ausgehöhlt, mit Palästen, Kirchen, Klöstern, Gärten, Gold- und Silberquellen versehen. Kleine Männlein bewahren die Schätze und wanderten sonst oft um Mitternacht in die Stadt Salzburg, in der Domkirche daselbst Gottesdienst zu halten.

In dem Wunderberg sitzt außer andern fürstlichen und vornehmen Herrn auch Kaiser Karl, mit goldener Krone auf dem Haupt und sein Zepter in der Hand. Auf dem großen Welserfeld wurde er verzückt und hat noch ganz seine Gestalt behalten, wie er sie auf der zeitlichen Welt gehabt. Sein Bart ist grau und lang gewachsen und bedeckt ihm das goldene Bruststück seiner Kleidung ganz und gar. An Fest- und Ehrentagen wird der Bart auf zwei Teile geteilt, einer liegt auf der rechten Seite, der andere auf der linken, mit einem kostbaren Perlenband umwunden. Der Kaiser hat ein scharfes und tiefsinniges Angesicht und er zeigt sich freundlich und gemeinschaftlich gegen alle Untergebenen, die da mit ihm auf einer schönen Wiese hin- und hergehen. Warum er sich da aufhält und was seines Tuns ist, weiß niemand und steht bei den Geheimnissen Gottes.

Franz Sartori erzählt, dass Kaiser Karl V., nach anderen aber Friedrich an einem Tisch sitzt, um den sein Bart schon mehr denn zweimal herumgewachsen ist. So wie der Bart zum dritten Mal die letzte Ecke desselben erreicht haben wird, tritt dieser Welt letzte Zeit ein. Der Antichrist erscheint, auf den Feldern von Wals kommt es zur Schlacht, die Engelposaunen ertönen und der jüngste Tag ist angebrochen.

*Dass die Sage sich der großen Könige und Kaiser auch noch nach ihrem Tod bemächtigt, zeigt dieses Beispiel eindrucksvoll. Karl der Große sitzt an einem Tisch und rührt sich nicht. Allerdings wächst sein Bart noch und so kann er auch nicht tot sein. Er scheint in einem tiefen Schlaf versunken. Franz Sartori (1782–1832), auf den sich die Brüder Grimm in der Kommentierung dieser Sage beziehen, war ein österreichischer Schriftsteller aus der Steiermark.*

Nicht nur Kaiser Karl dem Großen wird eine Sage am Untersberg zugesprochen; auch von
Friedrich Barbarossa erzählt man, er schlafe im Berg und sein Bart wachse um den Tisch.

# Wittekinds Grab und Gedächtnis

Da Wittekind, der große Sachsenheld, der, solange es ihm nur möglich war, die
Freiheit seines Volkes gegen Kaiser Karls Unterdrückung schirmte, gestorben war,
so fand er sein erstes Begräbnis zu Engern in dem Stift, welches er selbst begründet
und hatte erbauen lassen. Doch ward seinem Gebein, wie ihm selbst im Leben,
wenig Ruhe beschieden. Denn später wurde es von Engern in einem schlechten
Kasten nach Herford gebracht, und darauf zurück nach Engern.

Man verehrte sein Gebein gleich dem eines Heiligen. Auch sein Andenken hielt
man in so hohen Ehren, wie kaum ein anderes eines deutschen Fürsten und Hel-

den aus so früher Zeit. Alle Fürsten zu Sachsen führten mit Stolz im Stammbaum ihren Namen bis zu Wittekind zurück. Ebenso taten es die alten Herzöge zu Bayern, zu Schwaben, die Kapetinger in Frankreich, die Herrscher Oldenburgs und Dänemarks, Savoyens und andere. Alle wollten Wittekinder sein. Kaiser Karl IV. hat des Helden Grabmal hoch geehrt und erneuern lassen. Es war darauf eine Schrift in Kreuzesform und des Helden Bild nach uralter Art mit perlengezierten Schuhen, Purpurtunika mit edelstein- und sternenbesätem Überwurf, gar köstlich anzusehen, und mit einem Hute, einer Krone ähnlich.

*Wittekind, auch Widukind genannt, stammte aus einem westfälischen Adelsgeschlecht, war also ein Herzog der Sachsen, der in den Jahren 777 bis 785 den Widerstand gegen Karl den Großen in den Sachsenkriegen anführte. Er soll ein fränkisches Heer vernichtet haben, was zu der blutigen Rache Karls des Großen in Verden an der Aller geführt habe. In einer anderen Schlacht an der Grotenburg zwang er Karls Heer zum Rückzug. Verhandlungen führten schließlich zur Taufe Widukinds und seines Gefolgsmannes Abbio. Taufpate war Karl der Große höchstpersönlich. Danach verschwindet Widukind aus den Quellen. Deshalb blühen auch die Sagen um ihn in den folgenden Jahrhunderten kräftig auf. Es gibt in der Stiftskirche zu Enger zwar ein Widukindgrabmal, die Wissenschaft ist sich aber bis heute nicht sicher, ob dort wirklich dessen Gebeine liegen.*

Moderne Widukind-Statue in Nienburg.

# 4. KÖNIGS- UND KAISERSAGEN

Im Mittelalter war der König höchster Souverän seines Landes. Er stellte das Oberhaupt der Regierung, den obersten Richter und den Gesetzgeber in einer Person dar, in manchen Staaten auch das geistliche Oberhaupt. Übergeordnet war ihm nur der Kaiser, wenn es einen gab. Königs- und Kaisersagen nehmen im mittelalterlichen Sagenkreis deshalb einen herausragenden Platz ein.

## Barbarossa

Der alte Barbarossa,
Der Kaiser Friederich,
Im unterird'schen Schlosse
Hält er verzaubert sich.

Er ist niemals gestorben,
Er lebt darin noch jetzt;
Er hat im Schloss verborgen
Zum Schlaf sich hingesetzt.

Er hat hinabgenommen
Des Reiches Herrlichkeit,
Und wird einst wiederkommen,
Mit ihr, zu seiner Zeit.

Der Stuhl ist elfenbeinern,
Darauf der Kaiser sitzt:
Der Tisch ist marmelsteinern,
Worauf sein Haupt er stützt.

Sein Bart ist nicht von Flachse,
Er ist von Feuersglut,

Ist durch den Tisch gewachsen,
Worauf sein Kinn ausruht.

Er nickt als wie im Traume,
Sein Aug halb offen zwinkt;
Und je nach langem Raume
Er einem Knaben winkt.

Er spricht im Schlaf zum Knaben:
Geh hin vors Schloss, o Zwerg,
Und sieh, ob noch die Raben
Herfliegen um den Berg.

Und wenn die alten Raben
Noch fliegen immerdar,
So muss ich auch noch schlafen
Verzaubert hundert Jahr.

(Friedrich Rückert, 1788–1866)

F riedrich I., zuvor Friedrich III., Herzog von
Schwaben, wurde im Jahr 1152 zum römisch-
deutschen König gewählt, 1155 gar zum Kaiser des
römisch-deutschen Reiches. Den Beinamen »Barbarossa« bekam er erst im 13. Jahrhundert. Die Sage um
diesen Kaiser, der im Kyffhäuser schläft (siehe Bildtafel 7
nach S. 48), gewann vor allem im 19. Jahrhundert nach
Auflösung des Heiligen Römischen Reiches und den
Befreiungskriegen gegen Napoleon im Zuge eines neuen
Nationalbewusstseins größere Bedeutung. Friedrich

Kaiser Friedrich I. Barbarossa legte in Wimpfen eine Königspfalz
an, die von den ihm nachfolgenden Kaisern weiter genutzt
wurde.

88

*Rückerts Gedicht trug wesentlich dazu bei, dass diese Sage sehr bekannt wurde. Bereits im Mittelalter setzte eine gewisse Mythologisierung ein. Sein unrühmlicher Tod – er ertrank auf dem Rückzug vom Dritten Kreuzzug im Fluss Saleph in der Osttürkei – wurde umgedeutet, und man schilderte ihn als tapferen Kreuzritter im Kampf gegen die Heiden.*

# Kaiser Friedrich I. und Gela

Der edle, ritterliche Hohenstaufe, Friedrich Rotbart, lebte, noch bevor er Herzog von Schwaben geworden, auf einer väterlichen Burg in der anmutigen Wetterau. Er war damals erst dreiundzwanzig Jahre alt, und in ihm ruhte die ganze herrliche Kraft eines künftigen Heldenlebens.

Einer seiner Burgmänner hatte eine Tochter, Gela mit Namen. Die Schönheit und Anmut der Jungfrau entzündeten in der Brust des Jünglings eine heftige Liebe, die bald sein ganzes Wesen erfüllte. Eines Tages begegnete er ihr im Bogengange, der von der Kapelle in den Burghof führte. Hingerissen vom unerwarteten Augenblick ergriff er ihre Hand, und sagte, mit fast zitternder Stimme: »Schöne Gela, ich liebe Euch, und kann es nicht länger verbergen.«

Die Jungfrau stand da, errötend, verwirrt, und schlug die Augen nieder. »Zürnt nicht«, rief Friedrich, und drückte ihre Hand an seine Lippe. Dann entfernte er sich eilig.

Von dieser Stunde an schien Gela den jungen Herzog zu vermeiden. Er wurde deshalb trübsinnig und fast menschenscheu. Alle, die um ihn waren, bemerkten die Veränderung, welche mit ihm vorging, aber keiner konnte die Ursache erraten. Die schöne Gela allein wusste recht gut Bescheid, aber das Geheimnis lag wohlverwahrt in ihrem Busen.

Eines Abends begegneten sich beide in einem einsamen Gehölz an der Kinz. Gela suchte Kräuter zu einem Trank für ihre kranke Schwester. Friedrich grüßte sie ehrerbietig – doch als sie auf dem schmalen Pfad an ihm vorüberging, und der Saum ihres Gewandes ihn berührte, da ward es Nacht vor seinen Blicken. Mit einem dumpfen »Ach« taumelte er gegen einen Baum und hatte Mühe, sich an dem Stamm aufrecht zu erhalten. Gela wurde ergriffen von seinem Zustand, denn die Liebe war auch in ihrem Herzen. Sie ging huldreich auf ihn zu, reichte ihm die

Hand und sagte: »Morgen, eine Stunde vor Sonnenaufgang, findet Ihr mich in der Burgkapelle.«

Friedrich fand sich bald nach Mitternacht an dem bestimmten Ort ein, denn der Schlaf floh seinen Augen. Gela erschien mit dem ersten Hahnenschrei. Sie zog ihn sanft auf eine Bank vor dem Altar nieder, setzte sich neben ihn und sagte: »Ihr liebt mich, und ich mag Euch nicht verbergen, dass ich Euch auch liebe. Wenn ich schon nicht die Eurige werden kann, denn Ihr müsst Euch eine Hausfrau wählen aus den Töchtern der Grafen oder Herzoge ...«

Friedrich wollte sie unterbrechen, aber sie legte ihm sanft die Hand auf den Mund und fuhr fort:

»Ich mag nichts haben außer dieser meiner Liebe. Ihr dürft Euch damit nicht begnügen. Hört mich, die Stätte ist heilig, und wenn ich fehle, so ist mir die Mutter des Erbarmens nahe. Ich will Euch, wenn Ihr es wünscht, jeden Tag, in eben dieser Stunde und an eben diesem Ort sehen – aber sonst nirgendwo ohne Zeugen. Unsere Liebe muss rein bliebn, denn ich möchte sie einst mit hinübernehmen, wenn ich scheide.«

Der Jüngling schaute sie an, wie ein höheres Wesen, und ihm war, als würde die Weihe eines neuen Lebens über ihn ausgegossen. Er hätte jetzt alle seine Ansprüche auf den Glanz der Erde für eine Hütte und ein Grabscheit hingegeben. Aber Gela ermahnte ihn, dass er nicht untersank im Strom weicher Gefühle. Die Liebenden sahen sich täglich in der Kapelle. Friedrich ruhte, in stiller Seligkeit, an Gelas Wange, an Gelas Busen, doch stieg nie eine unreine Begierde auf in seinem Innern.

So verlebte er ein glückliches Jahr. Da zog Kaiser Konrad mit einem großen Heerhaufen ins gelobte Land, und das Fräulein erinnerte den Jüngling, es sei nun Zeit, der Ehre seine Schuld zu bezahlen. »Unsere Liebe ist ewig«, rief der edle Hohenstaufe, und bot ihr die Hand zum Abschied. »Ewig«, sagte Gela und sank an seine Brust.

Er ging nach Palästina, und kehrte, mit Ruhm bedeckt, an die Ufer der Kinz zurück. Sein Vater war inzwischen gestorben und das Herzogtum Schwaben ihm zugefallen. Friedrich suchte seine Gela auf, aber sie hatte den Schleier genommen. Er fand nur einen Brief von ihr, in dem stand: »Du bist Herzog und musst Dir eine Gattin wählen. Ich habe ein glückliches Jahr gelebt, und dies reicht aus für mein übriges Leben. Unsere Liebe ist ewig.«

Friedrich erkannte den hohen Sinn in den Worten seiner Geliebten, und schwur, ihrer wert zu bleiben. Gelas Brief trug er beständig auf seiner Brust, und als er sich, nach einigen Jahren, verehelichte, da wählte er eine Gattin, von welcher er gewiss war, dass er sie nie lieben könne. An der Stelle, wo er seine Geliebte im Gehölz gefunden hatte, legte er den Grundstein zu einer Stadt und nannte sie Gelashausen. Und in diesem Namen bewahrte sich noch das Andenken an die treue Liebe des edlen Hohenstaufen.

*Gelnhausen wurde 1170 durch Kaiser Friedrich I. gegründet, weshalb man sie bis heute auch die »Barbarossastadt« nennt. König Friedrich III. von Schwaben, der spätere Kaiser Friedrich I., heiratete um 1147 Adela von Vohburg und konnte mit ihrer Mitgift die Machtbasis als Herzog von Schwaben bis in den ostfränkischen Raum ausweiten. Dies geschah noch vor der Teilnahme am Ersten Kreuzzug. Selbst wenn die Geschichte um die geliebte Burgmannstochter Gela stimmt, war Friedrich also doch so realitätsnah, einer standesgemäßen, von politischen Verhältnissen diktierten Heirat zuzustimmen. Sieben Jahre später ließ sich Friedrich von seiner Frau scheiden.*

# Von der Liebe

Es gab einen sehr reichen und mächtigen König Pompejus, der eine einzige und sehr schöne Tochter hatte, welche er auf das Zärtlichste liebte. Er bestimmte daher für ihre Bewachung fünf Soldaten, welche sie vor jeder Gefahr unter schwerer Strafe hüten sollten. Diese aber bewachten sie bewaffnet Tag und Nacht und stellten vor dem Eingang ihres Gemachs eine brennende Lampe auf. Damit niemand des Nachts, während sie schliefen und ohne dass sie es wissen konnten, zu ihr gelangen sollte, hatten sie auch ein Hündlein, einen tüchtigen Beller, durch dessen Lärm sie aufgeweckt werden wollten. Das Mägdlein aber war sehr zärtlich erzogen worden und sehnte sich gar sehr, die Wunder der Welt zu erblicken.

Als sie nun einmal hinaus ins Freie geschaut hatte, da kam ein Herzog, der, als er kaum seine unkeuschen Augen auf sie geworfen hatte, von Liebe zu ihr ergriffen wurde, denn sie war zu schön und allen Augen angenehm, außerdem die einzige Tochter des Kaisers, welche nach dem Tode ihres Vaters durch das Erbrecht das Reich bekommen musste. Darum versprach dieser Herzog ihr vieles, damit er ihre Einwilligung erhielt, und sie, auf seine Versprechungen hoffend, gab diese auch, tötete sogleich das kleine Hündlein, löschte die Lampe aus und folgte bei Nacht dem Herzog.

Früh morgens nun entstand die Frage, was aus ihr geworden sei. Es war aber damals im Palaste des Königs ein tapferer Kämpfer, der stets für die Gerechtsame des Reiches stritt. Als der gehört hatte, wie die Tochter den Vater mit dem Rücken angesehen hatte, eilte er ihr nach. Als ihn nun jener Herzog bewaffnet auf sich losgehen sah, ließ er sich auf einen Zweikampf ein. Allein der Ritter siegte, hieb ihm das Haupt ab und führte das Mädchen in den Palast zurück. Da erblickte sie aber nun lange Zeit das Antlitz ihres Vaters nicht mehr. Sie stieß unaufhörlich Seufzer und Wehklagen aus. Dieses hörte ein weiser Mann aus dem Rat des Kaisers, der immer als Vermittler zwischen dem Kaiser und anderen gesetzt war, und ließ sich von ihrer Frömmigkeit rühren, worauf sie durch ihn mit dem Vater ausgesöhnt und mit einem sehr vornehmen Manne verlobt wurde.

Danach erhielt sie von ihrem Vater verschiedene Geschenke, zuerst ein Kleid, das ihr bis zu den Füßen reichte, vom feinsten Gewebe und an allen Stellen gestickt, das folgende Worte enthielt: »Ich habe Dir nachgelassen, füge nicht mehr hinzu.« Von einem König erhielt sie einen goldenen Kranz, auf dem die Worte eingraviert waren: »Von mir kommt Deine Würde.« Von jenem Ritter bekam sie einen Ring mit der Inschrift: »Ich habe Dich geliebt, lerne Du auch zu lieben.« Von dem weisen Vermittler empfing sie einen anderen Ring, auf dem Folgendes stand: »Was habe ich getan, wie viel, warum?« Von dem Königssohn bekam sie ebenfalls einen Ring, auf dem geschrieben stand: »Du bist edel, mögest Du Deinen Adel nicht verachten.« Von ihrem eigenen Bruder erhielt sie einen weiteren Ring, auf welchem geschrieben stand: »Komm her zu mir, fürchte Dich nicht, ich bin Dein Bruder.« Von ihrem Bräutigam erhielt sie ein goldenes Petschaft, durch welches ihr das Erbe desselben versichert wurde. Auf diesem lautete aber die Inschrift so: »Nun bist Du mit mir verbunden, wolle nicht mehr auf Irrwegen wandeln.« Als das Mägdlein diese Gaben empfangen hatte, bewahrte sie dieselben ihr Leben lang. Sie wurde von allen geliebt und endete ihre Tage in Frieden.

Die Gesta Romanorum, *zu Deutsch etwa: »Die Taten der Römer«, aus der diese Sage stammt, war eine im Mittelalter verbreitete und beliebte Sammlung von tradierten Sagen, Legenden, Märchen und Erzählungen, die am Ende meist moralisierend ausgedeutet wurden. Zahlreiche Schriftsteller haben sich bei den* Gesta Romanorum *bedient, zum Beispiel William Shakespeare, Gotthold Ephraim Lessing und Thomas Mann.*

# Kaiser Friedrich zu Kaiserslautern

Etliche wollen wissen, dass Kaiser Friedrich, als er aus der Gefangenschaft bei den Türken befreit worden ist, gen Kaiserslautern gekommen und daselbst seine Wohnung lange Zeit gehabt haben soll.

Er baute dort das Schloss, mit einem schönen See oder Weiher dabei, der noch jetzt der Kaisersee genannt wird. Darin soll er einmal einen großen Karpfen gefangen und diesem zum Gedächtnis einen güldenen Ring von seinem Finger an ein Ohr gehängt haben. Derselbe Fisch sollte nach des Kaisers Willen, wie man sich erzählt, ungefangen in dem Weiher bleiben, solange der Kaiser lebt. In einer späteren Zeit fischte man zwei Karpfen aus dem Weiher, die mit güldenen Ketten um die Hälse zusammengeschlossen waren. Diese sollen zu Kaiserslautern an der Metzler-Pforte in Stein gehauen sein. Nicht weit vom Schloss hatte man einen schönen Tiergarten gebaut, damit der Kaiser alle wunderbaren Tiere vom Schloss aus sehen konnte. Später wurde daraus ein Weiher und ein Schießgraben gemacht. Auch hängt in diesem Schloss des Kaisers Bett an vier eisernen Ketten und, als man sagt, dass man das Bett zu Abend wohl gebettet, es des Morgens wiederum aber benutzt vorfand, als hätte jemand über Nacht darin gelegen.

Ferner soll bei Kaiserslautern ein Felsen sein, worin eine große Höhle oder Loch sei, so tief, dass niemand weiß, wo der Grund liegt. Doch ist allenthalben das gemeine Gerücht umgegangen, dass Kaiser Friedrich, der Verlorene, seine Wohnung darin gehabt haben solle. Einer wurde an einem Seil hinabgelassen und oben an das Loch eine Schelle gehängt. Wenn er nicht weiterkönne, solle er damit läuten. Dann wolle man ihn wieder heraufziehen. Unten angekommen, sah er den Kaiser Friedrich in einem goldenen Sessel sitzen, mit einem großen Barte. Der Kaiser sprach ihm zu und sagte, er solle mit niemand hier reden, dann werde ihm nichts geschehen. Seinem Herrn könne er erzählen, dass er ihn hier getroffen habe. Darauf schaute er sich weiter und erblickte einen schönen weiten Raum und viele Leute, die um den Kaiser standen. Endlich läutete er seine Schelle, kam ohne Schaden wieder hinauf und sagte seinem Herrn die Botschaft.

Es gibt nicht nur einen Kaiser Friedrich, vermutlich ist aber Friedrich I., der auch Barbarossa genannt wurde, in dieser Sage gemeint. Immerhin ließ der im 12. Jahrhundert die Burg zu einer Pfalz erweitern. Auf einem Felsplateau *über der Lauter entstand schon zu merowingischer Zeit ein fränkischer Königshof, der »Villa Luthra« genannt wurde, wie Urkunden aus dem 9. Jahrhundert belegen.*

# Kaiser Heinrich der Vogeler

Kaiser Heinrich der Vogelsteller, so wie er auch genannt wurde, hat sich viel und gern in Goslar aufgehalten und man weiß dort noch manches von ihm zu erzählen. Vor allem aber sagen sie, es sei zu verwundern gewesen, von welch herrlicher Schönheit seine Frau gewesen, sodass er sich denn nach ihrem Tod auch kaum hatte trösten können. Als aber sein Schmerz sich etwas gelegt hatte, da hat er seine eigene Tochter, die ihre Mutter an Schönheit fast noch übertraf, freien wollen und hat ihr sein sündhaftes Verlangen kundgetan. Sie aber hat ihm darüber gebührende Vorhaltung gemacht und ihn endlich dahin gebracht, erst an die Höfe aller Könige und Herzöge in Europa zu ziehen, ob er nicht dort vielleicht eine Gemahlin finden könne, die schöner sei als sie.

Da ist er denn fortgereist und weit und breit umhergezogen, aber endlich ist er heimgekehrt und hat gesagt, es sei rings keine schönere Frau zu finden. Aber auch da noch hat sie seinen Bitten und Liebkosungen widerstanden, sodass er endlich die Bedingung gemacht, wenn sie eine Decke wirken könne, auf welcher alle Tiere, die sich auf dem Erdboden befänden, zu schauen wären, dann wolle er von seinem Begehren absehen.

Da ist sie in die kleine Kapelle in der oberen Stadt gegangen und hat inbrünstig zu Gott gebetet, jedoch keine Beruhigung im Gebet gefunden, sodass sie endlich in ihrer Verzweiflung den Teufel anrief, dass der kommen möge, ihr zu helfen. Der ist auch sogleich erschienen und hat gesagt, er wolle ihr die Decke bringen, wenn er sie nach drei Tagen und drei Nächten hier noch wachend fände. Da hat sie denn ihr Hündlein mit in die Kapelle genommen und hat unter unablässigem Gebet ihre Zeit dort zugebracht. Aber in der dritten Nacht gegen Morgen, da hat sie der Schlaf fast überwältigt. Im selben Augenblicke kam aber auch der Teufel daher, und das Hündlein, welches ihn sah, zerrte sie so heftig am Kleide, dass sie sogleich aufsprang. Da ließ der Teufel zornig die Decke fallen, warf das Hündlein wütend gegen die Mauern der Kirche und verschwand.

reducit· eu idē hugo tam postea aduersas

hoc tpore marinus papa Cxvi· cxiiii·

Anno d· decccxv· vngaru alemanniā deuastant·

Hartwich eps ob· cui Heriger successit·

Anŋ d· deccc xvi·

Anno d· deccc xvii· Salomon eps captus est·

Vngaru alemanniā totā deuastantes usq;

ad fuldam perueniunt·

Anno d· deccc xviii· Erkenger dux & Berh

tolfus germani frēs decollantur· Basilea

ab ungariis destruitur·

Anno dni· deccc xviiii· Cůnrad° rex morit·

Henricus
filius otto

genere saxo·
nis ducis·

Heinrich I. in einer anonymen Kaiserchronik.

Als sie aber ihrem Vater die Decke brachte, da erfasste ihn gewaltiger Schmerz. Er wollte nicht länger leben, sondern verwünschte sich in den Sudemerberg bei Goslar, der durch seine alte Warte weit in der Gegend sichtbar ist. Da sitzt er noch bis auf den heutigen Tag und wird erst wiederkehren, wenn Goslar einmal in großen Nöten ist oder wenn der Jüngste Tag anbricht.

Andere sagen auch, der Kaiser sitze im Rammelsberg und habe noch vor seinem Tode drei Steine in die Mauern von Goslar einmauern lassen und gesagt, wenn diese herausfielen, dann kehrte er wieder; niemand weiß aber, welche Steine das sind.

Man erzählt sich aber noch manches mehr über Kaiser Heinrich. Beim Schulenberg an der Oker liegt eine Anhöhe, auf der jetzt eine Schmiede steht, die heißt Kaiser Heinrich. Hier soll der Kaiser seinen Vogelherd gehabt haben, und, als die Boten kamen, um ihm zu melden, dass er zum Kaiser gewählt worden sei, gerade mit seinen Netzen beschäftigt gewesen sein und ihnen gewinkt haben, so lange zu warten, bis er noch einen Zug getan.

Zu diesem Vogelherd ist er immer vom Staufenberg, über Grund und Wildemann, herübergekommen. Damals ist nun der Harz noch zum großen Teil wüst und unbewohnt gewesen und die der Gegend kundigen Jäger haben ihn dann den Weg durch Schluchten und Täler führen müssen. Da hat er denn auch einmal an der Stelle, wo jetzt das Städtchen Wildemann steht, den wilden Mann getroffen, der hier früher am Harz gehaust hat, und davon hat der Ort nachher seinen Namen bekommen. Ebenso wie ihm derselbe mit einer Tanne in der Hand entgegengetreten, hat man denn auch den wilden Mann mit einer Tanne in der einen und einer Axt in der anderen Hand zum Wahrzeichen der Stadt genommen. So ist er auch auf den Wildemannsgulden zu sehn. Ein solcher wilder Mann tritt auch noch alljährlich am Freischießen, das man um Johannis hält, auf und wobei er ganz in Moos eingekleidet ist.

Kaiser Heinrich soll auch eine Geliebte gehabt haben. Die soll den Namen Eva von Trott getragen und auf der alten Staufenburg in einem Turm gewohnt haben, wo sie in einer Hängematte geschlafen haben soll, so lange die Kaiserin auf der Burg gewesen sei. Mit ihr hatte der Kaiser drei Söhne gezeugt, die Dank, Theuerdank und Immerdank geheißen und in Kirchberg begraben liegen. Endlich ist es der Kaiserin aber doch verraten worden und da hat er seine Geliebte ins Kloster nach Gandersheim gebracht, wo sie auch begraben liegt.

Die Stadt Stendal, welche früher die Hauptstadt der Altmark war, wurde erbaut von dem Kaiser Heinrich dem Finkler oder Vogelfänger, welcher die Stadt zum

Schutze gegen die heidnischen Wenden anlegte. Der Name kommt davon her, dass sie in einem steinigen Tal, Steintal, liegt. Der genannte Kaiser hat sich in der von ihm erbauten Stadt viel aufgehalten. Seine Wohnung hat er alsdann in einem Haus gehabt, welches noch jetzt gezeigt wird, obgleich es nun ganz anders gebaut ist. Es steht an der Ecke der Jacobi-Kirche, nach dem sogenannten alten Dorfe hin, dem ältesten Teil der Stadt. Es ist zum ewigen Wahrzeichen, dass der Kaiser Heinrich darin gewohnt, kenntlich daran, dass oben in seiner Giebelwand nach der Jacobi-Kirche hin ein pechschwarzer Mohrenkopf eingemauert ist.

Heinrich I. (um 876–936), auch Heinrich der Vogler genannt, stammte aus dem Adelsgeschlecht der Liudolfinger. Er war zunächst Herzog von Sachsen, dann von 919 bis 936 König des Ostfrankenreichs. König Heinrichs Vogelherd aus der Sage wird mit einer Wallburg auf dem Rotenberg bei Pöhlde in Südniedersachsen in Verbindung gebracht. Stendal selbst ist nicht zu Zeiten Heinrichs I. gegründet worden. Markgraf Albrecht der Bär gründete um 1160 in seinem Dorf Stendale einen Markt und verlieh dem Ort das Magdeburger Stadtrecht.

Das Kaiserhaus steht nicht mehr. An dieser Stelle wurde später ein neues gebaut. Der Mohrenkopf bedeutet lediglich, dass der Erbauer dieses Hauses einen solchen Kopf, von denen er mehrere im vorherigen Haus an dieser Stelle fand, einbauen ließ. Es sollte als Andenken an das ehemalige Kaiserhaus benutzt werden, so steht es jedenfalls in einer 1840 erschienen Sagensammlung von Ernst Weihe. Heute ist dieser Kopf in Stendal aber nicht mehr zu finden.

# 5. RHEINSAGEN

Der Rhein ist nicht der längste Fluss in Europa. Mit seinen 1238 km steht er erst an 7. Stelle. Allerdings ist er eine der verkehrsreichsten Wasserstraßen der Welt und bringt das meiste Wasser in die Nordsee. Ansiedlungen am Rhein haben schon sehr früh stattgefunden. Von der Besiedlung zeugen alte Römercastelle, Klöster, Burgen und Städte. Dass sich mit dem Rhein deshalb auch viele Sagen verbinden, wundert nicht. In diesem Kapitel habe ich einige der Rheinsagen zusammengestellt. Wenn Sie mehr davon lesen möchten, finden Sie am Ende des Buches im Quellenverzeichnis Hinweise auf weitere Sagensammlungen zu diesem Thema.

## Die Sage am Rhein

Am Rhein weht süßes Leben
Aus längst vergangner Zeit,
Ich sehe Geister schweben
In alter Herrlichkeit,
Ich höre Lieder klingen
Mit wunderbarem Gruß,
Die leis ich wieder singen
Und wieder träumen muss.

Hier flüstern Geisterworte
Aus leichtbewegter Flut
Dort um die Klosterpforte,
Wo Pilger einst geruht.
Und wenn die Höhen glänzen
Im stillen Mondenstrahl,
Beginnt in Rebenkränzen
Der Elfentanz zumal.

Der Teufel, wichtiger Akteur bei vielen Rheinsagen.

Doch schau ich an der Mauer
Verfallner Burg hinauf,
So steigt ein leiser Schauer
In meinem Busen auf;
Denn in den öden Trümmern
Tönt's bald wie Kampf und Sturm,
Bald hör ich's leise wimmern
Aus dem Verließ am Turm.

Treu meld' ich dann den andern,
Was ich einst hört und fand,
Wer es nicht glaubt, mag wandern
In unser schönes Land.
Und auf den Höhn und Gründen
lausch er am Abend still,
Das Herz kann immer finden
Wenn es nur suchen will.

(Adelheid von Stolterfoth)

Adelheid von Stolterfoth (1800–1875) war eine deutsche Dichterin und Vertreterin der Rheinromantik. Ihr Gedicht steht am Anfang dieses Kapitels, um es stimmungsvoll einzuleiten. Die Rheinromantik ist eine kulturgeschichtliche Epoche, die sich vom späten 18. bis zum Ende des 19. Jahrhunderts erstreckte.

# Die Gründung von Mainz

Mainz war ursprünglich ein römisches Kastell. Jedoch befanden sich an der Stelle, an der Main und Rhein zusammenfließen, bereits vor den Zeiten der Römer deutsche Ansiedelungen.

Schon 1400 Jahre vor Christi Geburt soll in Trier ein Zauberer namens Nequam gelebt haben. Er ärgerte jedermann und war durch seine Streiche eine arge Plage für jede Stadt. Deshalb jagten ihn die Bewohner von Trier zur Stadt hinaus.

Da rief er aus: »Ich werde eine Stadt in der Nähe bauen, welche Trier an Reichtum und Ehren weit übertreffen soll!« Er verließ das Tal der Mosel, in welchem Trier liegt und wanderte am Rhein stromaufwärts bis an die Stelle, an der jetzt Mainz steht. Überrascht über den herrlichen Anblick, den die beiden Ströme hier boten, blieb er stehen. Er zauberte eine Stadt hervor, die den Wundern der Natur, die er vor sich sah, entsprach. Nun rief er die Menschen herbei, welche bisher wie Einsiedler in der Umgegend gewohnt hatten, und bot ihnen Wohnung in seiner Stadt. Ohne die blutigen Kriege führen zu müssen, welche Romulus und Remus ihren Römern nicht ersparen konnten, nachdem sie dieselben auf ähnliche Weise nach Rom gerufen hatten, wurden die Mainzer unermesslich reich. Deshalb sprach man auch bald überall von dem »goldenen Mainz«.

Eine andere gelehrte oder nicht gelehrte Sage erzählt Folgendes: Nachdem Troja zerstört worden sei, habe nicht bloß der fromme Aeneas sich aus den Flammen gerettet, indem er seinen Vater Anchises auf dem Rücken und die väterlichen Götterbilder vor sich getragen habe. Auch ein gewisser Moguntius habe sich aus den Flammen gerettet. Aber so wie die Nachkommen des Aeneas Rom gegründet hätten, so habe Moguntius, der trojanische Held, selbst sich zum Bau einer neuen Stadt den Ort ausersehen, wo der Main in den Rhein mündet. Diese Stadt habe dann von Moguntius den Namen Moguntia erhalten, woraus der Name Mainz entstanden sein soll.

I m Stadtgebiet des heutigen Mainz hat man tatsächlich Spuren einer eiszeitlichen Besiedlung festgestellt. Sie zeigen, wie beliebt diese Stelle war, an der sich zwei Flüsse vereinigen. Die erste dauerhafte Ansiedlung jedoch ist keltischen Ursprungs. Von dem keltischen Gott Mogon, den die Römer mit Apollon gleichsetzten, leiteten diese den Namen des Legionslagers ab, das sie an dieser Stelle wenige Jahre vor Christi Geburt errichteten: Mogontiacum. Die Ansiedlung von Handwerkern und Gewerbetreibenden erweiterten den Stützpunkt bald zu einer Stadt, die gegen Ende des 1. Jahrhunderts zur Hauptstadt der Provinz Germania superior wurde. Während der Völkerwanderung wurde die Stadt mehrfach von durchziehenden Germanenstämmen geplündert. Sie gehörte dann spätestens um 480 zum fränkischen Herrschaftsbereich. Von Mainz aus betrieb Bonifatius seine Christianisierung des Ostens. Ab 782 war Mainz Erzbistum. Mit dem Bau des Domes wurde von Erzbischof Willigis (um 940–1011) wenige Jahre vor dem Jahrtausendwechsel begonnen.

# Die Pfalz im Rheine

Auf dem Hügel, an welchen sich das weinreiche Bacharach lehnt, stehen noch die Trümmer der einst großen und festen Burg Stahleck. Sie war im 12. Jahrhundert ein Eigentum des Pfalzgrafen Konrad aus dem Hause der Hohenstaufen. Dieser besaß eine einzige Tochter mit dem Namen Agnes. Der Ruf von ihrer Schönheit ging durch ganz Deutschland, und viele Ritter und Herren zogen nach Bacharach, um sie zu sehen, wenn sie auch nicht hoffen durften, ihre Hand zu erlangen. Die Kunde davon kam auch zu den Ohren des tapfern Heinrich Welf von Braunschweig und er brannte vor Verlangen, die Jungfrau, die in allen Ländern gerühmt wurde, zu sehen. Allerdings bestand eine lange Feindschaft zwischen den Häusern Welf und Hohenstaufen. Kaiser Friedrich der Rotbart, ein Halbbruder Konrads, hatte jenen den Untergang geschworen. Heinrich durfte es also nicht wagen, nach Stahleck zu gehen, wenn er sich nicht einer großen Gefahr aussetzen wollte. Auf keinen Fall konnte er Hoffnung hegen, die schöne Agnes je als Gattin heimzuführen.

Doch einst, bei einem lustigen Gelage, an dem einige Ritter teilnahmen, die nicht aufhören konnten, von der schönen Pfalzgräfin zu schwärmen, ließ sich Heinrich dazu hinreißen, die Reise nach Bacharach anzukündigen, um endlich die Schöne mit eigenen Augen zu schauen. Gleich am nächsten Tag machte er sich auf den Weg, begleitet von dem alten, treuen Lehnsmann Hans von Gleichen und einem Diener. Eine Tagesreise vom Rhein entfernt tauschten sie ihre Kleider und gaben sich für Pilger aus, die nach Köln ziehen wollten. Auf Stahleck baten sie um Nachtherberge und wurden freundlich aufgenommen. Der Pfalzgraf war gerade abwesend, aber die Pfalzgräfin und ihre Tochter kamen ins Gemach, in dem die Fremdlinge beim Abendbrot saßen und hießen sie willkommen. Die Gräfin füllte einen Becher mit köstlichem Wein, den Agnes ihnen reichte.

Heinrichs Herz wurde vom Anblick der Jungfrau gerührt. Es kam wie ein Zauber über ihn und er hatte Mühe, sich zu fassen und Fragen der Frauen besonnen zu beantworten. »Ihr kommt von Braunschweig?«, fragte die Pfalzgräfin. »Erzählt mir doch etwas von Eurem jungen Herrn Heinrich. Er gilt zwar nicht als Freund unseres Hauses, soll aber edlen Sinn haben, nicht rau und hart gegen seine Leute sein. So etwas muss man auch an seinen Feinden schätzen.«

Heinrich geriet darüber in Verlegenheit und wusste nicht zu antworten. Von Gleichen aber, sein Begleiter, nahm augenblicklich das Wort und lobte den Braunschweiger sehr. »Nur eins«, setzte er hinzu, »muss ich an ihm tadeln: Er ist ein Wagehals und sein Mut ist stets größer, nicht nur als die Gefahr, sondern auch als die Klugheit.«

»Das haben die Welfen mit den Staufen gemein«, sagte die Gräfin. »Der Fuchs ist wohl auch klüger als der Löwe. Darum wollen wir aber doch nicht jenen über diesen stellen.«

Heinrichs Augen leuchteten bei diesen Worten der Pfalzgräfin und er hätte ihr die Hand drücken wollen. Sie bemerkte, dass etwas in seinem Innern vorging, konnte es aber nicht deuten. Ihr Auge verweilte jedoch forschend auf seiner Gestalt.

»Es ist seltsam«, sagte sie nach einer Weile, »wie die Sachen in der Welt gehen. Man muss wohl bei den meisten Ereignissen im menschlichen Leben die Wahrheit des Sprichwortes anerkennen: Der Mensch denkt und Gott lenkt. Als ich mein sechzehntes Jahr erreicht hatte, sollte ich dem Vater Eures Herrn verlobt werden.«

Heinrich schützte eine Übelkeit vor, um seine Verlegenheit zu überspielen. Er eilte ins Freie hinaus. Die Pfalzgräfin und ihre Tochter zeigten sich recht besorgt um ihn. Von Gleichen jedoch sagte, dass dies nichts auf sich habe. »Junges Blut kommt leicht in Gärung. Ein oder zwei Feldzüge werden es schon zur Ruhe bringen. Das wilde Brausen und Stürmen war ehemals auch in mir, aber das Leben hat mich abgekühlt und so wird es dem jungen Gesellen auch ergehen.«

Die Pfalzgräfin wollte nun etwas über die Herkunft ihrer Gäste wissen.

»Ich will euch nicht verbergen, dass wir Lehensmänner des Braunschweigers sind«, sagte von Gleichen. »Ein Gelübde führt uns an den Rhein. Im Lande ist jetzt Frieden, aber das Herz braucht auch seinen Gottesfrieden.«

Heinrich trat wieder herein und die Frauen entfernten sich. Als die Pilgrime in der Frühe des andern Tages Stahleck verließen, fanden sie am Ufer ein Schiff in Bereitschaft, welches die Pfalzgräfin bestellt hatte, um sie nach Köln zu bringen. Auch ließ sie ihnen sagen, sie möchten bei der Rückkehr wieder Herberge auf dem Schloss nehmen.

Auf Agnes hatte der junge Braunschweiger Eindruck gemacht, doch wäre dieser ohne Zweifel bald vorübergegangen, wenn nicht die Mutter das Gespräch auf ihn gelenkt und die Vermutung geäußert hätte, er möge wohl von edlem Stamme sein, sein Gesicht sehe ganz nach dem Geschlecht der Welfen aus. Darüber erschrak Agnes, denn die Welfen waren ja die geschworenen Feinde ihres Hauses.

»Wollte Gott«, sagte die Mutter, »dieser Pilger wäre Heinrich von Braunschweig und ein guter Engel hätte ihn nach Stahleck geführt, um den alten Hass durch einen neuen Liebesbund zu tilgen.«

»Nie würde der Vater dies zugeben«, flüsterte Agnes.

Die Pfalzgräfin streichelte ihrer Tochter die Wange. »Dein Vater mag starrsinnig sein«, sagte sie, »doch mich schreckt das nicht.«

Mit Agnes ging seit diesem Gespräch eine sichtbare Veränderung vor. Sie stand stundenlang auf dem Söller und schaute träumerisch auf den Rhein. Nach sechs Tagen kamen die Pilger wieder von ihrer Fahrt zurück nach Stahleck und wurden der Pfalzgräfin gemeldet. Sie ließ Heinrich allein zu sich bringen und fragte ihn mancherlei über Köln und wie es ihm unterwegs ergangen sei. Nachdem sie so eine Weile geplaudert hatten, sah sie ihn freundlich an und sagte: »Ihr könntet mir etwas Angenehmes erweisen.«

»Wenn ich das könnte, würde ich mich glücklich preisen«, antwortete der Braunschweiger.

»Es steht nur bei Euch und ist etwas, was jeder Ehrenmann tun würde.«

»Ihr habt mein Wort, Frau Pfalzgräfin«, rief Heinrich. »Gebietet Eurem Diener.«

»Sagt mir Euren Namen!«

»Ich bin Heinrich von Braunschweig«, erwiderte dieser mit Stolz. »Der Ruf von der Schönheit Eurer Tochter hat mich hierhergezogen. Vielleicht seht Ihr jetzt in mir nur den Welfen, den Feind der Hohenstaufen; aber ich schwöre bei Gott, der uns sieht und hört, der erste Blick in die Augen der holdseligen Agnes hat mein Herz mit so viel Liebe erfüllt, dass für den Hass kein Raum mehr darin ist.«

»Unter diesem Dach wird die Gastfreundschaft nicht verletzt – und am wenigsten von Euch«, entgegnete die Gräfin freundlich.

»Möchte der Pfalzgraf doch ebenso gesinnt sein«, seufzte Heinrich.

Die Gräfin besann sich eine Weile und ergriff seine Hand.

»Ich sollte Eurem Vater zuteilwerden«, sagte sie, »aber ich sehe wohl, der Himmel hat unsere Kinder füreinander bestimmt. Kommt mit mir!«

Sie führte ihn hierauf in das Gemach ihrer Tochter, die beim Anblick des schönen Mannes erschrak und sich kaum zu fassen wusste.

»Agnes«, sagte die Mutter, »rate einmal, wer hier vor dir steht! Es ist Herr Heinrich von Braunschweig, der um Deine Hand wirbt.«

»Liebe Mutter«, flüsterte Agnes. »Ich will das mit Euch bedenken.« Sie warf bei diesen Worten einen schüchternen Blick auf den Jüngling und barg ihr glühendes Gesicht am Busen der Mutter.

Heinrich entfernte sich, denn er fühlte, dass seine Gegenwart in diesem Augenblick störte. Er suchte den Burggarten auf und verbrachte nach seinem Gefühl eine Ewigkeit dort, bis ihm die Pfalzgräfin die ersehnte Zustimmung Agnes' brachte. Beide überlegten nun, was sie tun könnten, um den Pfalzgrafen zu gewinnen. Sie kamen überein, dass Heinrich nach zwei Tagen Burg Stahleck verlassen, heim nach Braunschweig ziehen und dort die Botschaft erwarten solle, wie Konrad die Sache aufgenommen hatte.

Heinrich von Braunschweig, im Weingartener Stifterbüchlein (um 1510).

Die beiden Tage der ersten Liebe gingen für Agnes und Heinrich schnell vorüber. Die Mutter hatte ihr Hände ineinandergelegt und sie gesegnet. Heinrich hatte den Schwur getan, Agnes treu zu bleiben und sie als seine Gattin zu betrachten, auch wenn das Schicksal sie auf immer von ihm trennen würde. Der Abschied war schmerzlich, doch besaß die Jungfrau Mut und Entschlossenheit. »Alles um Liebe, dies sei unser Denkspruch!« Mit diesen Worten reichte sie ihm die Hand zum letzten Lebewohl. »Alles um Liebe!«, erwiderte Heinrich, drückte die Verlobte noch einmal an sein Herz und eilte dann an den Rhein hinab, wo die Gefährten seiner warteten.

Der Vorfall war indes auf Stahleck nicht unbemerkt geblieben. Als der Pfalzgraf Konrad einige Tage darauf zurückkam, erfuhr er bald, was die Gemahlin und Tochter noch hatten verbergen wollen. Er stellte sich jedoch, als sei ihm nicht das Mindeste zu Ohren gekommen. Vielmehr schien er weit aufgeräumter als sonst, sodass die Pfalzgräfin dies als ein gutes Zeichen ansah und bei der erstbesten Gelegenheit die Rede auf den Braunschweiger brachte. Konrad wusste sie schlau bei dem Thema zu halten und sie lobte zuletzt ganz unverhohlen den jungen Welfen.

Der Pfalzgraf versetzte lachend: »Am Ende hättest Du wohl Lust, ihm unsere Agnes zur Frau zu geben?« Dies sagend, entfernte er sich, ohne die Antwort abzuwarten. Die Pfalzgräfin war recht froh, dass er die Sache nicht schlimm aufgenommen hatte, eilte sofort zu ihrer Tochter und gab ihr Nachricht von der Unterredung.

»Vielleicht wenn er selbst käme«, sagte Agnes, halb hoffend, halb ängstlich. Die Mutter fand den Gedanken vortrefflich und es wurde beschlossen, dem Braunschweiger Botschaft zu schicken, um ihn einzuladen, sobald als möglich auf Stahleck einzutreffen.

Etwas unterhalb von Stahleck, nahe am rechten Rheinufer, ragte ein breiter Fels aus dem Strom, mit einer Fischerhütte. Die Pfalzgräfin hatte diese Stelle lieb, und wenn sie morgens aus ihrem Fenster in die herrliche Landschaft hinausschaute, verweilte ihr Auge besonders gerne auf der Felsenhütte. Den Tag nach ihrer Unterredung mit ihrem Gatten bemerkte sie, dass die Hütte verschwunden war, und viele Menschen sich beschäftigten, an dieser Stelle ein anderes Gebäude zu errichten. Sie wusste sich die seltsame Erscheinung nicht zu erklären und fragte den Pfalzgrafen, was das zu bedeuten habe? Er antwortete mit einem halben Lächeln: »Die Kaufleute fahren mir den Zoll ab, darum will ich ihnen eine Falle bauen.«

Sie hielt das Vorgeben für Ernst und ihr Herz gab sich ganz der Hoffnung hin, das Glück ihrer Agnes bald in schöner Blüte zu sehen. Heinrich konnte jeden Tag von Braunschweig eintreffen und das Übrige, meinte sie, würde sich von selbst ergeben. Allein noch bevor der Braunschweiger anlangte, war der Turm auf dem Felsen im Rhein fertig und als die Pfalzgräfin eines Morgens nach ihrer Agnes fragte, die sie nicht in ihrem Gemach gefunden hatte, erzählte ihr ein treuer Knecht ganz heimlich, der Pfalzgraf habe sie nachts in den neuerbauten Turm geführt und sie dort, nebst einem Diener und ein paar Mägden, eingesperrt.

Diese unerwartete Nachricht schnitt der Pfalzgräfin tief ins Herz. Allein sie verlor die Besonnenheit nicht. Der Drang, sich an ihrem Gemahl zu rächen, war größer als der Kummer über das Schicksal ihrer Tochter. Unter den Leuten des Pfalzgrafen befand sich ein kühner, verschlagener Knappe, Rütiger mit Namen. Diesem vertraute sie sich an und schickte ihn mit einem Brieflein an den Braunschweiger ab, ihn unterwegs abzufangen. Zugleich fand sie einen sicheren Weg heraus, der armen Agnes einige Nachrichten zukommen zu lassen. Der Burgvogt hatte eine abgerichtete Brieftaube, die in wenigen Tagen die Reise zum Turme zu machen lernte. Gegen ihren Gemahl zeigte die Pfalzgräfin einen stillen Gram. Sie legte Trauerkleider an und schloss sich stundenlang in ihrem Gemach ein.

Es nahte der Geburtstag der schönen Agnes, der seit siebzehn Jahren zum ersten Mal ein Tag der Trauer auf Burg Stahleck zu werden versprach. Am Vorabend, als die Pfalzgräfin eben im Erker der Burg saß und den Strom hinabschaute, trat ihr Gemahl zu ihr herein und fasste freundlich ihre Hand mit den Worten: »Du sollst morgen zum zweiten Mal Deine Agnes erhalten. Ihr habt beide gebüßt für Eure Torheit und ich denke, das hat Euch zu Verstand gebracht. Die Welfen sind unsere Feinde.«

»Aber was hat Heinrich Dir getan?«, fiel die Pfalzgräfin ein.

»Ist er nicht ein Welfe?«

»Kann er mehr dafür als Du, dass Du ein Hohenstaufe bist?«

Der Pfalzgraf rieb sich die Stirn und sah finster zur Erde. Die Pfalzgräfin warf sich an seinen Hals.

»Versprich mir«, rief sie, »versprich mir, deiner Tochter zu verzeihen und auch dem Braunschweiger.«

»Verzeihen, und am Ende das alte Lied von Neuem hören«, brummte Konrad und versuchte, sich von seiner Gemahlin loszumachen; allein sie hielt die Hände fest um seinen Nacken geschlungen und bedeckte seinen Mund mit Küssen.

»Nur verzeihen sollst Du ja, nichts als verzeihen.«

»Nun meinetwegen«, rief der Pfalzgraf, »aber auch nichts weiter als verzeihen!«

»Ich habe also Dein Wort?«

Konrad sah seine Gattin mit Blicken des Unwillens an. »Gilt Dir mein ›Ja‹ nicht mehr?«, fragte er ärgerlich.

»Oh, es gilt mir mehr als ein Eidschwur«, sagte die Pfalzgräfin, »und damit Du siehst, wie fest ich auf dieses ›Ja‹ der Verzeihung baue, so will ich dir eröffnen, dass unsere Agnes die Gemahlin Heinrichs von Braunschweig ist.«

Der Pfalzgraf war sprachlos vor Grimm. Ohne ein Wort hervorzubringen, verließ er das Gemach und stürmte hinab in den Garten. Die Pfalzgräfin kannte seinen Sinn und seine Weise und es war ihr ein gutes Zeichen, dass er seinen Zorn nicht in Drohungen ausgeschüttet. Nach ungefähr einer halben Stunde trat er wieder zu ihr herein, zwar etwas finster und rasch, doch ohne Heftigkeit.

»Wie kam Heinrich in den Turm?«, fragte er.

»Er schwamm hinüber.«

»Durch wen erhielt er Botschaft?«

»Durch mich.«

»Wer machte den Briefträger zwischen Dir und Agnes?«

»Die Taube des Burgvogts.«

Der Pfalzgraf schritt jetzt das Zimmer einige Male auf und ab und dachte nach. Die Pfalzgräfin folgte ihm mit unverwandtem Blicke, denn sie verstand es, in seinen Gebärden zu lesen. Er stellte sich an das Fenster mit untergeschlagenen Armen und schaute lange den Strom hinab. »Der Turm soll mir doch nicht umsonst erbaut sein«, sagte er endlich.

»Was meint mein Herr und Gemahl?«, fragte die Pfalzgräfin mit schmeichelnder Stimme.

»Ich meine«, versetzte der Pfalzgraf, »dass Agnes in diesem Turme bleiben soll, bis ihre Niederkunft erfolgt ist. Ob ihr Gemahl ihr Gesellschaft leisten will, das überlasse ich ihm.«

Die Pfalzgräfin versuchte vergeblich, ihn umzustimmen; er beharrte bei seinem Entschluss und wollte weder seine Tochter noch ihren Gemahl sehen, bis sie ihm einen Enkel bringen würden, der in dem Turme geboren wurde.

Dies geschah dann auch und die Jungfrau kehrte als Gattin und Mutter nach Stahleck zurück.

Die Burg Stahleck ist eine Höhenburg, die nahe der Stadt Bacharach liegt. Ihr Name leitet sich von den mittelhochdeutschen Wörtern »stahel« für Stahl und »ecke« für einen Bergsporn ab und wies so im Namen darauf hin, dass es sich um eine unbezwingbare Burg auf einem Bergsporn handelt. Sie wurde vermutlich um die Wende vom 11. zum 12. Jahrhundert gebaut. Da Bacharach ein Handelsplatz für den Weinhandel war, wurde Stahleck auch als Zollburg genutzt. Kaiser Friedrich Barbarossa übergab die Pfalzgrafschaft – und damit auch die Burg – an seinen Halbbruder Konrad von Hohenstaufen. Geplant war, dass dessen Tochter Agnes den französischen König Philipp II. heiraten sollte, doch scheiterte dieser Plan. Bevor der Vater andere Pläne schmieden konnte, heiratete die Tochter in seiner Abwesenheit im Jahr 1193 heimlich Heinrich von Braunschweig, den Sohn des verfeindeten Welfenherzogs Heinrich der Löwe. Der Trierer Erzbischof Johann I. hatte diese Verbindung geschlossen und brachte schließlich die Aussöhnung zwischen Staufern und der welschen Familie zustande.

Burg Stahleck, von Nordwesten gesehen.

# Die Pfalz im Rheine bei Kaub

Ein Trotz den wilden Wellen,
Mit scharfer Kante,
Muss Eisgeschütz zerschellen,
Das sie berannte.

Wenn Sturmsignale blasen –
Was tut's der Feste?
Sie dürfen heulen, rasen,
Willkommene Gäste.

Doch lässt des Frühlings Beben,
Des Rheins Geflüster,
Sein ganzes Liebesleben
Sie kalt und düster.

Sie steht in starrer Strenge
Im goldenen Reigen,
Aus keuschen Panzers Enge
Kein zärtlich Neigen.

(Carmen Sylva)

Bei dem Turm, den der Pfalzgraf als Gefängnis für seine Tochter Agnes bauen ließ, soll es sich um die Burg Pfalzgrafenstein gehandelt haben, die auf einer kleinen Insel mitten im Rhein bei Kaub liegt. Tatsächlich gebaut wurde sie von Ludwig dem Bayern, allerdings nicht als Wohn-, sondern als Zollburg. Ein wenig klingt dies in der Sage an. Die Burg, wie sie heute zu sehen ist, entstand allerdings erst im 14. Jahrhundert aus einem damals schon vorhandenen Turm. Die Autorin dieses Gedichts war Prinzessin Elisabeth Pauline Ottilie Luise zu Wied (1843–1916), die durch Heirat Königin von Rumänien wurde. Sie schrieb unter dem Pseudonym Carmen Sylva Gedichte, Theaterstücke und Romane und war zu ihrer Zeit als »dichtende Königin« bekannt.

# Die Mönche von Johannisberg

Von Fuld der wackre Abt kam einst zu visitiren,
Ob auf Johannisberg die Reben recht Floriren.

Die Trauben fingen schon braungoldig an zu blinken,
Der Abt lud den Konvent zu einem Abendtrinken.

Er sprach: »Der künftge Herbst wird sicher uns erfreuen,
Ein Fläschlein minder, mehr, wir brauchens nicht zu schauen.«

»Her aus dem Butterfass! Doch halt, bevor wir zechen,
Nehmt eu'r Brevier, ihr Herrn, ein kurz Gebet zu sprechen.«

»Brevier?« – »Ja, das Brevier!« – Sie möchten schier versinken,
Sie suchen, suchen, »Lasst's beginnen wir zu trinken!«

»Die Flaschen her! weiß Gott, das heiß ich doch vergesslich,
Dass ich den Stöpfelzug daheim ließ, es ist hässlich!«

»Den Stöpfelzug?« im Nu fährt's da in alle Taschen
Und gibt's im Augenblick Korkzieher mehr als Flaschen.

»Bravo, ihr frommen Herrn! Dies Stücklein find ich heiter,
Daran erkenn ich recht die echten Gottesstreiter.«

»Bravo, ihr frommen Herrn! Welch reicher Gottessegen
An Stöpfelziehern – ei, was guckt ihr so verlegen?«

»Lasst's euch für heute nur nicht weiter Kummer schaffen,
Doch morgen – still, ihr Herrn, ergreifen wir die Waffen!«

(Alexander Kaufmann)

*Franz Alexander Kaufmann (1817–1893) wurde in Bonn als Sohn eines Beamten geboren, studierte in Berlin und arbeitete danach als Archivar des Fürsten von Löwenstein in Wertheim am Main. Er war auch schriftstellerisch tätig, veröffentlichte Gedichte, Sagen und Artikel zur Kulturgeschichte. Mit »Fuld« im Gedicht ist sicher das Kloster Fulda gemeint, und das »a« wurde lediglich gestrichen, um den Versrhythmus einzuhalten. Den Wein haben die Römer an den Rhein gebracht, er wurde später auch von den Klöstern weiter kultiviert.*

# Der Drache auf Drachenfels

Während das linke Rheinufer durch die Römerherrschaft bereits dem Christentum zugeführt war, behaupteten auf dem rechten noch heidnische Horden ihre Unabhängigkeit. Sie machten auch häufig Einfälle auf das andere Ufer und kehrten beutebeladen von da zurück. Bei einem dieser Raubzüge hatten sie auch eine christliche Königstochter entführt. Der Sohn des Beherrschers der Löwenburg sah sie und entbrannte sofort in Liebe zu ihr. Allein sie wollte, mochte man ihr nun noch so viel versprechen, ihre Hand einem Götzendiener nicht reichen.

Nun wohnte damals in einer Höhle eines der sieben Berge, welcher mit seinen steilen Höhen sich in den grünen Wellen des wogenden Rheins spiegelt, ein grimmiger Drache. Er war der Schrecken des weiten Landes. Kein Krieger, kein Ritter mochte mit ihm den Kampf aufnehmen, so grimmig blickte er auf seinen kühnen Gegner herab, der bald darauf das traurige Opfer seiner ungestümen Wut werden sollte. Ihm die schöne Jungfrau zu opfern, beschlossen die Entführer.

Am frühen Morgen des folgenden Tages, während der Drache noch in seiner Höhle schlief, schleppte man die Christin auf den Felsen und fesselte sie in der Nähe der Höhle an einen Baum. Rundum am Fuße des Felsens harrte eine Menge Neugieriger, auch der Königssohn von der Löwenburg. Gern noch hätte er sein Rachegefühl bezwungen, gern wäre er hinaufgeeilt, der Jungfrau Leben mit seinem eigenen zu schirmen, allein der Rat hatte sie dem Tode geweiht und dem durfte er sich nicht widersetzen.

Ruhig und unerschrocken stand sie da. Sie zog aus ihrem Busen ein Kruzifix und auf das Bild des Gekreuzigten heftete sie ihren vertrauensvollen Blick. Plötzlich trat der Drache aus seiner Höhle hervor und wachsamen Auges spähte er

1 Der schöne Renaissancehof
der Schallaburg.

2 Burgruine Ehrenfels und der Mäuseturm.

3 Romantische Rheinansicht von Rolandseck über Insel Nonnenwerth Richtung Drachenfels von Eugène Isabey.

4 Wirkungsstätte von Hildegard von Bingen: Kloster Rupertsberg.

5 Burgruine Yburg.

6  Silvester tauft Konstantin I., Darstellung auf einem Fresko in Santi Quattro Coronati in Rom.

7 Die Steinigung des hl. Stephanus, Figurenbildstock bei Großmutschen/ Österreich.

ringsumher nach Beute. Kaum hatte er das für ihn bestimmte schuldlose Opfer erblickt, so eilte er wütend und fauchend auf die Königstochter hin. Allein – o Wunder! Als der Drache in der Hand der Jungfrau das Kruzifix erblickte, ergriff ihn Schrecken und Betäubung, er stürzte zu Boden und rollte vom steilen Felsen in den hochbrausenden Strom, wo er in den tobenden Wellen versank und sein Grab fand. Der Gekreuzigte hatte gesiegt. Die Heiden eilten herbei und fielen der Jungfrau zu Füßen, preisend den, welcher ihr solche Macht verliehen hatte. Alsbald ließ die Jungfrau aus ihrer Heimat Priester kommen, das Evangelium Christi zu verkünden, und als bei den Ersten, die sich taufen ließen, auch der Königssohn dabei war, reichte sie ihm zu unverbrüchlicher Treue ihre Hand. Noch heute zeigt man an der westlichen Seite des Drachenfelsens jene Höhle, und wenn in segnendem Herbst die Weinlese dem fleißigen Winzer lacht, dann sammeln auch die Bewohner von Königswinter des Drachen feuriges Blut, das alljährlich am steilen Rücken des Felsens hervorsprießt.

*D*er Drachenfels ist ein Berg im Siebengebirge zwischen Königswinter und Bad Honnef. Auf ihm thront die Ruine der Burg Drachenfels, die im 12. Jahrhundert errichtet wurde und im Dreißigjährigen Krieg vom Kurfürsten von Köln geschleift wurde. Das Drachenmotiv ist in Sage und Kunst rheinauf und rheinab zu finden. Mehr dazu finden Sie in dem Buch von Detlev Arens: Drachen und Drachentöter im Rheinland, *auch im Regionalia Verlag erschienen.*

# Der Basilisk zu Trier

Dicht an dem alten Neutor in Trier steht heut noch rechts ein altes Gebäude, welches früher vermutlich ein Befestigungsturm gewesen war. In demselben ist jetzt noch zu ebener Erde rechts ein dunkler Raum zu finden. Dort soll sich früher ein Ungeheuer aufgehalten haben, halb Hahn, halb Drache. Aus seinem Schnabel kam Feuer heraus, sein Schwanz glich einem Drachenschweif, auf seiner schwarzen Federbrust wallte ein Ziegenbart, der mit Giftschaum benetzt war. An jeder seiner Fersen hatte es einen scharfen Sporn, und an seinen Zehen drohten starke Klauen. Im Magen hatte das Tier ein goldenes Ei. Es war unverwundbar gegen Feuer, Schwert und Pfeile, nur wenn es sein Bild im Spiegel sah, musste es sterben. Allein

Dieser Holzschnitt aus einem Buch aus Bologna von 1640 zeigt einen Basilisken, wie man ihn sich damals vorstellte.

schwer scheint es gewesen zu sein, dem Ungeheuer einen Spiegel vorzuhalten. Keiner wenigstens, der sich in den Turm mit einem solchen wagte, ist wieder zurückgekehrt. Sein Bild in Relief ausgehauen befand sich bis zum Jahre 1817 noch an einem der Türme des Tores. Jetzt wird es in Trier noch in dem Saal der Gesellschaft für nützliche Forschungen vorgezeigt.

*Der Basilisk ist ein mythisches Tier, das unter anderem Plinius der Ältere im achten Buch seiner* Naturalis historia *beschrieb. Im Mittelalter bezog man sich auf diese antiken Werke und nahm es als reale Erscheinung an. Auch Hildegard von Bingen führte den Basilisken in ihrer* Ornithologia *auf. Interessant ist, dass eine Leguangattung in Lateinamerika mit dem Namen* Basiliscus *bezeichnet wurde.*

## Die heilige Hildegard

Auf dem Rupertsberge bei Bingen sah man noch bis vor wenigen Jahren die mit Efeu bewachsenen Trümmer einer Kapelle. Das waren die letzten Überreste eines Klosters, in welchem die heilige Hildegard gelebt hatte. Die Laster der Geistlichen

und die Gewalttaten der Fürsten ihrer Zeit wirkten tief auf ihr frommes Gemüt. Sie nahm ihre Zuflucht zu Gebet und Kasteiungen, und bekam bald Visionen. In der Tat findet man in ihren Prophezeiungen ein auffallendes Bild unserer Zeit.

Der Mut, womit eine schwache Jungfrau aus dem Dunkel ihrer Zelle die Missetaten der Großen und die Gebrechen der Geistlichkeit zu kritisieren wagte, erregte Bewunderung, und der Glaube an ihre Weissagungen verbreitete sich schnell.

Der heilige Bernhard, als er nach Deutschland kam, um das Kreuz zu predigen, besuchte sie auf dem Rupertsberg und forderte sie auf, ihre Stimme mit der seinen zu vereinen, zum Aufruf an die Christenheit. Bernhards Beredsamkeit konnte ihre Wirkung auf die schwärmerische Hildegard nicht verfehlen. Begeistert von seinem Zuspruch schrieb sie an den Papst, den Kaiser, die Bischöfe und Fürsten und warnte sie, durch ihre Laster und Uneinigkeit nicht den Untergang des Reiches und der Kirche herbeizuführen.

Beim Abschied schenkte Bernhard der Jungfrau ein Gebetbuch, ein Messer und einen Ring, mit der Inschrift: »Ich leide gern!« Man zeigt diese Reliquien noch auf der Bibliothek zu Wiesbaden.

Bernhard ging jetzt nach Mainz und Speyer, wo Kaiser Konrad eben eine Reichsversammlung hielt, und predigte mit wunderbarem Erfolg. Alles ließ sich mit dem Kreuze bezeichnen. Als er später in Frankfurt predigte, stieg Hildegard auf den Feldberg und flehte dort den Himmel um Sieg für das Heer des Kreuzes an. Sie hob so lange die Hände zum Himmel, bis sie ermattet auf den Brunhildenstein niedersank. Ihre Gestalt drückte sich in den harten Stein ein. Darum war dieser Stein noch lange nachher ein Gegenstand der Verehrung bei dem Volke.

*Hildegard von Bingen (1098–1179) war Benediktinerin und gilt als Universalgelehrte ihrer Zeit. In der römisch-katholischen Kirche wird sie als Privatgelehrte verehrt. Das Kloster auf dem Rupertsberg (siehe Bildtafel 4 nach S. 112), von Hildegard gegründet, verlor bereits nach ihrem Tod an Bedeutung. Die Schweden zerstörten es im Dreißigjährigen Krieg. Es wurde danach nie wieder aufgebaut. 1857 wurde der Felsen, auf dem es sich befand, durch eine Sprengung im Rahmen des Baus einer Eisenbahnlinie zerstört. Kontakt mit Bernhard von Clairvaux hatte Hildegard allerdings nur schriftlich.*

# Rolandseck

Von der Burg Rolandseck werden mehrere Sagen erzählt, die den Namen der Burg erklären sollen. Nach einer dieser Sagen hatte die Feste sonst einen anderen Namen, und es wohnte auf ihr ein Ritter, der sich früher mit großem Ruhme bedeckt hatte, nunmehr aber alt und schwach geworden war. Er hatte eine sehr schöne Tochter, mit welcher er in einigen Sorgen lebte, weil er sein Kind nicht mehr gegen die bösen Junker am Rheine schützen konnte, denen sie ihre Hand versagt hatte.

Einst saßen Vater und Tochter auf der Burg, da stieß der Türmer ins Horn und meldete, dass eine bewaffnete Schar nach der Burg im Anzuge sei. Der alte Ritter erschrak, denn er meinte, es seien Feinde, welche seine Tochter, als sie sich um ihre Hand bewarben, beleidigt hatte. Aber das Burgfräulein tröstete ihren Vater. Sie hatte bereits wahrgenommen, dass ein überaus stattlicher Ritter in kostbarer, herrlicher Rüstung mit einigen Knappen zur Burg hinauffritt. Diese wenigen Männer konnten unmöglich in feindlicher Absicht sich nähern.

Dennoch verlangte die Wache am Tor erst Auskunft über den Ritter, ehe er eingelassen wurde. Dieser aber erklärte, dass er Roland, König Karls Neffe, sei. Nach manchem kühnen Abenteuer zog er nun am Rheine hinauf und mochte es sich nicht versagen, den Helden aus einer älteren Zeit, dessen König Karl oft selbst noch rühmend gedachte, auf der Burg seiner Väter heimzusuchen, und einige Tage lang froh bei ihm und seinem Töchterlein zu verweilen.

Der alte Burgherr war nun voller Freude, und seine Tochter ließ es sich angelegen sein, Roland mit dem Allerbesten zu bewirten, was sich in der Küche und in der Speisekammer der Burg fand. Als aber an einem der nächsten Tage der alte und der junge Ritter die vollen Humpen mit Rheinwein leerten, blies der Türmer wieder das Signal, dass eine Reiterschar zur Burg hinaufzöge. Diesmal war die Besorgnis des alten Ritters nicht unbegründet: Es kamen wirklich die Junker, an welche das Burgfräulein Körbe ausgeteilt hatte, mit Hunderten von Knappen in feindlicher Absicht vor das Burgtor geritten.

Allein Graf Roland tröstete den alten Herrn, und obgleich der alte Ritter nur wenig Knechte besaß und in Rolands Begleitung nur zwei waren, so verteidigte des Königs Neffe doch mit dieser geringen Mannschaft das Burgtor auf das Beste. Da griffen die Belagerer zur List, bestürmten das Burgtor nur noch zum Schein und erstiegen zu Dreißigen heimlich in der Nacht die Burgmauer an einer Stelle, welche Roland mit seiner geringen Mannschaft nicht hatte besetzen können. Diese List war allerdings gelungen, aber Roland tötete alle die Ritter und Knappen, welche von der Burgmauer in den Burghof heruntergesprungen kamen, und jagte dadurch denen, die sich noch vor der Burg befanden, einen solchen Schrecken ein, dass sie die Belagerung aufgaben und noch während der Nacht davonzogen. Zum Andenken an diese Begebenheit soll dann die Burg den Namen Rolandseck erhalten haben. Man erzählt sich auch, dass Roland das Fräulein geheiratet habe.

Eine andere Sage erzählt, Roland habe die Burg Rolandseck erbaut, aber nur um einem Edelfräulein nahe zu sein, welches er liebte. Sie hieß Hildegard und hatte in dem Kloster, das auf der Insel Nonnenwerth zu den Füßen von Rolandseck liegt, den Schleier genommen. Von Rolandseck soll Roland beständig zu ihr hinabgeschaut haben und auf Rolandseck gestorben sein, sobald sie ihm im Tode vorangegangen war.

*Burg Rolandseck liegt oberhalb des Ortsteils Rolandseck der Stadt Remagen. Die Burg wurde im 12. Jahrhundert durch den Kölner Erzbischof Friedrich I. erbaut, die Ortschaft kam erst viel später hinzu. Interessant ist der Ort heute nicht nur wegen der nahe gelegenen Burg, sondern auch wegen seines Bahnhofs. Darin befindet sich seit dem Jahr 2004 das Arp Museum. Außerdem ist der Wildpark Rolandseck, ein privater, Anfang der 1970er Jahre angelegter Park in der Nähe. Im Zuge der Rheinromantik des 18. und 19. Jahrhunderts entstanden dort viele prächtige Villen, von denen einige heute noch zu sehen sind. (Siehe Bildtafel 3 nach S. 112.)*

# Hattos Turm

Unterhalb von Bingen, nahe dem linken Rheinufer, ragt ein grauer Turm aus den Wellen, gewöhnlich der Mäuseturm genannt. Diesen Turm erbaute Hatto, Abt zu Fulda und später Erzbischof von Mainz, im 10. Jahrhundert, wahrscheinlich zum Warnzeichen für die Schiffer, denn damals war die Fahrt durch den düsteren Felsenschlund noch sehr gefährlich. Folgendes aber erzählt von diesem Turm die alte Sage.

Hatto war ein harter, geiziger Mann, der lieber die Hand ausstreckte zum Segen als zum Almosen geben. Da geschah es, dass eine große Hungersnot am Rhein

117

entstand, und viele Menschen elendiglich umkamen. Viele Notleidende sammelten sich um die Burg zu Mainz, wo Hatto Hof hielt, und schrien um Brot. Der hartherzige Bischof verweigerte es ihnen, obgleich seine Speicher gefüllt waren, und schalt sie, dass sie müßiges, schlechtes Volk wären und nicht arbeiten wollten. Die Armen wurden ungestümer, und Hatto schickte seine Schergen gegen sie, er ließ sie ergreifen, so viel ihrer waren, Männer und Weiber, Greise und Kinder, und in eine Scheuer sperren und gab hierauf Befehl, die Scheuer anzuzünden. Das war ein schrecklicher Anblick, und die Steine hätten sich darüber erbarmen mögen. Nur der Bischof blieb hartherzig, spottete sogar noch: »Hört, wie die Mäuslein pfeifen!«

Da kam das Strafgericht des Himmels über Hatto. Ungeheure Schwärme von Mäusen erschienen in seinem Schloss und zuletzt wusste niemand, sich ihrer zu erwehren. Je mehr man ihrer tötete, desto größer wurde ihre Anzahl. Sie wuchsen gleichsam aus dem Boden. Da entfloh Hatto nach Bingen und ließ am Fuß des Rupertsberges einen Turm in den Rhein bauen. Er rettete sich auf einem Nachen in den Turm. Doch die Mäuse verfolgten ihn allenthalben auch dorthin, schwammen über das Wasser, kletterten in den Turm und fraßen ihn auf bei lebendigem Leibe. Sogar seinen Namen zernagten sie in den Tapeten.

Sein Geist soll noch manchmal wie eine Nebelgestalt am Turm erscheinen.

*Der Mäuseturm bei Bingen ist ein ehemaliger Wehr- und Wachturm, der auf einer kleinen Insel im Rhein steht (siehe Bildtafel 2 nach S. 112). Er erhielt seinen Namen über die hier geschilderte Sage. Hatto der II. starb 970. Ein Geburtsdatum ist nicht bekannt. Zuvor war er Abt von Fulda und wurde von Otto dem Großen auf den Mainzer Erzbischofssitz berufen.*

# 6. BURGENSAGEN

*Eine Burg ist ein Wehrbau, eine Befestigungsanlage, die zum Schutz angelegt wird. Sie ist schon in frühgeschichtlicher Zeit nachweisbar, dann oft als Wallanlage, später mit hölzernen Palisaden. Meist werden erhöhte Punkte dafür gewählt, weil man von dort einen guten Überblick über das Umland hat. Im Mittelalter werden die Burgen aus Stein errichtet und dienen nun auch Wohnzwecken. Dieser befestigte Burgenbau ist in Deutschland etwa ab der Karolingerzeit nachzuweisen. Burgen sind jedoch in ganz Europa verbreitet. In diesem Kapitel sind exemplarisch einige Burgensagen ausgewählt, in der Hauptsache zu solchen Burgen, die noch zu besichtigen sind. Es gibt aber auch zahlreiche Sagen von »abgegangenen« Burgen, von denen heute kein Stein mehr zu finden ist.*

Gotisches Bauschmuckelement.

## Trifels

Über dem Anweiler Tal bei Landau erhob sich eine stattliche Kaiserpfalz, die Burg Trifels. Es geht die Sage, dass König Richard Löwenherz von England darin vom Kaiser Heinrich gefangen gehalten wurde. Niemand wusste, wo er hingekommen, so war große Sehnsucht nach Richards Wiederkehr in seinem Reich.

Nun hatte Richard einen treuen Dienstmann, der war ein Minnesänger und verstand sich meisterlich auf die Kunst des Gesanges und der Töne. Der machte sich mit einer Schar redlicher Mannen auf, seinen König überall zu suchen. Reichen Schatz an Gold und Kleinodien, den das Volk geopfert hatte, nahmen sie mit, um Lösegeld zu haben. Auch König Richard war ein Minnesänger, und Blondel, so hieß jener treue Dienstmann, kannte des Königs Lieder und konnte sie auch singen. Vor mancher Burg, darinnen er den König gefangen glaubte, hatte Blondel schon Weisen angestimmt, auf welche, wie er sicher voraussetzte, der König, wenn er ihn hörte, singend antworten musste, aber es war still geblieben hinter den festen Mauern. Schon war er am Donaustrom auf- und abgezogen und hatte auch all um den Rhein gesucht und gesungen, da vernahm er, dass in der Nähe der Stadt Landau, wo man damals des Heiligen Reiches Kleinodien aufbewahrte, die Kaiser Friedrich auf den Trifels selbst eine Zeit lang bringen und bewahren ließ, auf drei Felsenzacken gar ein großes und stattliches Kaiserschloss stehe. Da Blondel der Meinung war, nur in einem solchen Schloss werde der römische Kaiser seinen König und Herrn gefangen halten, so wandte er sich dorthin mit den Seinen, umschlich spähend die Mauern und stimmte am Fuße der starken und hohen Türme, in deren Tiefen und Verliesen man gewöhnlich die Gefangenen schmachten ließ, jene Weisen an, die nur König Richard konnte. Und – o Freude – endlich, endlich drang aus dem Gemäuer des Turms auf Trifels antwortender Gesang in gleicher Weise. Hoch schlug vor Freude Blondels Herz, sein Richard, sein König war gefunden und bald darauf auch aus seiner Haft befreit.

Vom Schlosse Dürrenstein am Donaustrome geht die gleiche Sage, dort zeigt man noch ein Loch im Trümmerfelsen, darin Erzherzog Leopold von Österreich den heldenmütigen König soll gefangen gehalten haben.

R ichard Löwenherz legte sich während des Dritten Kreuzzuges (1189–1192) auch mit anderen europäischen Herrschern an, so zum Beispiel mit Leopold V. von Österreich. Dieser ließ ihn dann auch prompt bei seiner Rückreise gefangen nehmen und auf der Burg Dürnstein festsetzen. Da Richard sich mit seinem Schwager, Heinrich dem Löwen, gegen den Kaiser Heinrich VI. verbündet hatte, handelte der Kaiser dem österreichischen Herrscher seinen Gefangenen ab und ließ ihn nach Trifels bringen. Befreit wurde Richard Löwenherz jedoch nicht. Er wurde im Februar 1194 nach Zahlung eines Lösegeldes und Erfüllung einiger anderer Forderungen nach Ableistungen eines Lehnseides vor Heinrich VI. freigelassen.

# Tegelstein

Auf der Burg Tegelstein am Bodensee lebte einst eine Witwe, Anna von Tegelstein, mit einem Sohn und drei Töchtern. Die Mutter war überaus stolz und hartherzig. Sie gönnte den Armen kaum die Luft zum Atmen und gab ihnen selten Brot. Eines Tages kam auf die Burg eine Pächtersfrau in Trauer gekleidet und sprach zur Edelfrau: »Gnädige Frau, meine einzige Tochter ist gestorben. Sie zählte erst achtzehn Jahre und war die Freude meines Lebens. Ich möchte um ihre schwarzen Locken einen Kranz von weißen Rosen flechten, da sie nun eine Braut des Himmels geworden ist. Erlaubt, dass ich welche in eurem Garten breche, wo sie so schön blühen.« »Du magst einen Kranz von Nesseln für deinen Bastard binden«, schrie die stolze Frau sie an. »Rosen ziemen sich nicht für gemeines Volk, die sind nur für unseresgleichen.«

»So mögen denn Eure Rosen zu Totenkränzen für Eure Töchter werden«, rief die Pächterin und verließ das Schloss. Ihr Fluch ging in Erfüllung. Die drei Töchter der Edelfrau starben binnen einem Jahr und jede trug im Sarg einen Kranz von weißen Rosen aus dem Burggarten. So lange das Geschlecht der Tegelstein blühte, erschien jedes Mal, wenn der Tod eines weiblichen Abkömmlings der Familie nahe war, die Frau Anna gegen Mitternacht im Garten sitzen und einen Kranz von weißen Rosen flechten.

Burg Degelstein (Tegelstein) wurde erstmals 1332 erwähnt. Die Ruine, heute als Weiherschlösschen bezeichnet, ist nahe dem Bodenseeufer in Lindau (Stadtteil Schachen, Lindenhofpark) zu finden. Die Burg soll zweigeschossig gewesen sein und ein Satteldach getragen haben. Im Jahr 1839 wurde sie abgebrochen und der Burggraben gefüllt. Lediglich Mauerreste sind heute noch bekannt.

# Das Bergweiblein

Im Schwarzwald liegen die Ruinen der Burg Bosenstein. Das Geschlecht ist längst erloschen. Vor vielen Jahren lebte dort ein Ritter, der eine einzige Tochter hatte. Ida, so hieß das Mädchen, war erst zehn Jahre alt, aber bereits ausnehmend schön und ebenso gut. Wer sie mit den geringelten gelben Locken um das wie Mairosen blühende Gesicht und mit dem süßen Lächeln um die Lippen sah, der hätte sie wohl für einen Engel von Guido Reni oder Raffael halten mögen. Ida erging sich oft im Walde, der an die väterliche Burg angrenzte, pflückte Blumen und Kräuter und lauschte dem Gezwitscher der Vögel. Da gesellte sich manchmal ein kleines grau gekleidetes Weiblein zu ihr und wusste durch freundliche Worte und wunderbare Erzählungen ihre Gunst zu gewinnen.

Eines Tages brachte das Weiblein dem Mädchen einige Stücke gediegenen Goldes. »Damit kannst Du spielen«, sagte sie: »So kostbares Spielzeug hat wohl kaum eine Königstochter.« Ida freute sich über das Geschenk, und als sie damit nach Hause kam, zeigte sie es ihrem Vater. Aber in dem Herzen des Ritters regte sich augenblicklich die böse Begierde. Er erkannte den Wert dieser Geschenke, und gar zu nahe lag der Gedanke, das Waldweiblein müsse im Besitz großer kostbarer Vorräte an solchen Dingen sein. So trieb ihn seine Habsucht zu einem unglücklichen Entschluss.

Am folgenden Tag spielte Ida wieder, wie gewöhnlich, im Wald, und auch die geheimnisvolle Gesellschafterin fand sich wieder ein. Da stürzten plötzlich mehrere Knechte des Burgherrn hervor, die hinter den Bäumen und Felsen gelauert hatten, ergriffen die alte Frau, schleppten sie auf die Burg und vor den Ritter. Dieser fuhr sie mit rauen Worten an und sagte, indem er auf das Gold deutete: »Woher hast du das?«

»Ei, aus meiner Heimat«, antwortete das Bergweiblein.

»Bei euch gibt es wohl einen Überfluss an solchen Schätzen. Ich gebiete dir, mir zehn Körbe voll davon zu bringen.«

»Ich bin nicht deine Eigene«, versetzte das Weiblein. »Und ich werde dir nicht gehorchen.«

»Ich werde dich in den Turm werfen lassen, bis du anderen Sinnes wirst«, schrie der Ritter. »Wohl zum Dank, dass ich deinem Kinde dieses Spielzeug gebracht«, kicherte die alte Frau, und ihr Kichern klang so unheimlich, dass dem Burgherrn ein Grauen anwandelte; allein der Glanz des Goldes überwältigte schnell jede andere Regung, und er befahl, das Weiblein ins Gefängnis zu führen.

In diesem Augenblick kam Ida fast atemlos herzugelaufen und bat den Vater mit Tränen, doch ja die gute Frau zu schonen, die immer freundlich gegen sie gewesen sei. Der Vater blieb ungerührt. Das Weiblein aber sagte: »Dieses Mägdlein ist dein guter Engel. Lasst mich jetzt wegführen.«

Ida bestand darauf, mit dem Weiblein eingesperrt zu werden, aber der Vater riss sie unsanft hinweg und schleuderte sie in eine Ecke, das Weiblein aber wurde abgeführt und in den Turm geworfen.

Es folgte diesem Tag eine furchtbare Nacht. Ein schrecklicher Sturm erhob sich und es schien, die ganze Burg würde in Trümmer zusammenstürzen. Zwischen dem Geheul des Windes vernahm man seltsame Stimmen und gellende Hammerschläge. Als die Sonne heraufstieg, meldete ein Knecht dem Ritter, in den Turm sei ein großes Loch gebrochen, und die Gefangene entflohen.

Jetzt ergriff Bangigkeit die Seele des Burgherrn, die in Entsetzen überging, als eine Magd die Nachricht brachte, Idas Bett sei leer und keine Spur von dem Fräulein zu finden.

Das ganze Burggesinde und alle Reisigen wurden ausgeschickt, die Gegend zu durchstreifen, aber alle kehrten heim mit der trostlosen Nachricht, dass ihre Suche erfolglos geblieben war. Der Ritter geriet in Verzweiflung; er machte sich selbst die bittersten Vorwürfe, raufte sich die Haare und tat Gelübde auf Gelübde, eine Kirche zu bauen, einen Teil seiner Güter an Klöster zu vergeben, ja selbst als Pilgrim nach Einsiedeln zu wallen, wenn ihm seine Ida wiedergefunden würde. Endlich kam der letzte Knecht, der das Fräulein gesehen haben wollte. Aber seine Kunde war nicht gemacht, die Angst zu zerstreuen. Eine Viertelstunde von Bosenstein erhob sich ein hoher, steiler Fels, den noch niemand zu ersteigen vermocht. Auf der Kuppe dieses Felsens hatte er die kleine Ida neben dem Waldweiblein sitzen gesehen. Der Ritter eilte mit seinen Leuten dorthin. Als das Weiblein die Ankommenden erblickte, nahm sie Ida bei der Hand und sprang mit ihr auf der anderen Seite des Berges hinab, so hastig, dass man glaubte, sie müssten sich beide Hals und Bein gebrochen haben. Indes kam der Ritter diesmal mit dem bloßen Schrecken davon. Als er auf die andere Seite des Felsens kam, saß Ida ruhig am Boden und neben ihr standen zwei mit Moos bedeckte Körbe. Der Ritter wähnte, sie seien mit Gold gefüllt, aber es war nichts darin als Steinkohlen und darauf lag ein Zettel mit den Worten: »Dem goldgierigen Ritter von Bosenstein.«

Eine Burg auf einem Bergsporn wird Spornburg genannt. Die Burg Bosenstein war eine solche Burg. Sie wurde vermutlich im 11. Jahrhundert bei der Gemeinde Ottenhöfen im Schwarzwald, unweit von Achern von den Grafen von Eberstein erbaut. Im Dreißigjährigen Krieg zerstört, 1840 endgültig abgerissen, existiert heute neben ein paar Mauerresten nur noch der begehbare Halsgraben. Will man Burg Bosenstein besuchen, orientiert man sich in Ottenhöfen zum Wildgehege, an dessen Ende der Hügel zu sehen ist, auf dem ehemals die Burg stand.

# Die Sage von der Yburg

Zwei Stunden von der Stadt Baden, auf einem in die Ebene vorspringenden Bergkegel, erheben sich die grauen Türme der Burg Yburg. Der eine davon ist von oben bis unten vom Blitze gespalten. Von dem übrigen Mauerwerk liegt, außer dem allmählich auch einstürzenden vorderen Torbogen, alles in Trümmern.

Das Geschlecht, welches hier wohnte, ist längst erloschen. Der letzte Besitzer der Burg führte, wie die Sage erzählt, ein wüstes Leben, bis er in einem Gefechte den rechten Arm verlor und ihn der größte Teil seiner Knechte verließ. Da saß er voll finsterer Gedanken auf seiner Burg und brütete über allerlei schlimmen Anschlägen. Eines Abends kehrte ein Pilger bei ihm ein und gab vor, zu wissen, wo verborgene Schätze zu finden seien. Der Ritter war darüber sehr erfreut und vertraute ihm: »Ich habe mehrmals von meinen Eltern gehört, dass mein Urgroßvater, einst während einer Belagerung, einen großen Reichtum an Gold und Edelsteinen vergraben habe. Könnt Ihr mir zu diesem Schatze verhelfen, so sollt Ihr auf fürstliche Weise belohnt werden.«

»Das kann mir nicht schwerfallen«, erwiderte der Fremde, »war ich doch selbst dabei, als Euer Ahne seine Kleinodien in Sicherheit brachte.«

»Ihr wart dabei?«, rief der Yburger und sah ihn mit großen Augen an. »Mein Urgroßvater ist ja schon seit mehr als hundert Jahren tot!«

»Und dennoch« – fuhr der Pilger fort – »hab' ich mehr als einmal mit ihm gezecht. Indessen lasst ab, nach Dingen zu forschen, die Euch unbegreiflich vorkommen und folgt meinem Rat. Heute ist Walpurgisnacht. Sobald die Glocke Mitternacht schlägt, begebt Euch hinunter in die Kapellengruft, worin Eure Väter beigesetzt sind, öffnet ihre Särge und tragt die Gebeine hinaus in das Freie, damit der Mond sie bescheine. Während sie nun draußen liegen, kehrt Ihr sodann in die Gruft zurück und holt die Kostbarkeiten aus den Särgen. Nachher mögt Ihr die Gerippe wieder in ihren Särgen zur Ruhe bringen.«

Den Ritter überlief es ganz kalt bei diesem Vorschlag, aber seine Begier nach Reichtum war so groß, dass sie bald alle seine Furcht überwog. Um Mitternacht begab er sich in die Kapelle, bis zu deren Eingang der Pilger ihn begleitete, dort stehen blieb und sich beharrlich weigerte, das Innere derselben zu betreten.

Der Ritter öffnete die Särge, einen nach dem anderen, und trug, wie geheißen, sämtliche Gebeine hinaus auf einen hell vom Vollmond beschienenen Rasenplatz.

In dem Sarg aber, den er zuletzt aufschloss, fand er den noch unverwesten Leichnam eines Kindes liegen. Als er auch dieses hinaustrug und zu den übrigen Toten gesellen wollte, richteten sich alle mit einem Mal empor und riefen mit hohler Stimme: »Augenblicklich trag uns in unsre Ruhestätten zurück, damit wir nicht umgehen müssen auf dieser Burg!«

Kaum war die Schreckensmahnung ergangen, als der Fremde vor dem Ritter stand. Das Pilgergewand rauschte von seinem Leibe nieder und er wuchs empor, höher und immer höher, bis sein Haupt, dessen Haare wie Flammen loderten, den Mond zu berühren schien. Schon streckte die furchtbare Riesengestalt ihre gespreizten Krallen nach dem Ritter aus, dessen Blut zu Eis gerann, da regte sich der Leichnam des Kindes, das er noch auf seinen Armen trug, eine Glorie umfloss das feine Gesichtchen und von seinen Lippen ertönten die Worte: »Fliehe, verworfener Geist des Abgrunds! Dieser Verblendete hier soll nicht dein Opfer werden, sondern den Rest seines Lebens der Reue und Buße widmen!«

Mit wildem Gebrülle versank die Riesengestalt in den sich unter ihr spaltenden Felsenboden. Der Ritter aber eilte, das wieder zur starren Leiche gewordene Kind und die Gerippe seiner Ahnen nebst allen geraubten Kostbarkeiten in die Särge zu verschließen. Er verließ gleich am nächsten Morgen, im härenen Gewand seine Burg, wallfahrtete von einer heiligen Stätte zur anderen, bis man ihn einst an den Stufen eines Altars tot liegen fand. Seine Burg verfiel, sein Geist aber soll noch jetzt unter den Trümmern umherirren.

*Die Ruine der Yburg ist am Rande des westlichen Schwarzwalds zu finden, nicht weit entfernt von Baden-Baden. Erbaut wurde sie vermutlich um 1200. Ursprünglich hielten die Markgrafen von Baden die Burg als Reichslehen und vererbten sie. Die Burg geriet als Schenkung an das Kloster Lichtenthal, wurde als Lehen vergeben und letztendlich auch verkauft. Im Jahr 1333 wurde die Burg ein erstes Mal zerstört, und zwar vom Bischof von Straßburg. Man vermutet, dass die damaligen Inhaber einen Warenzug des Bischofs überfallen hatten und dabei auch Geiseln nahmen. Offensichtlich wurde die Burg wiederaufgebaut oder wiederhergestellt, denn es fanden sich neue Besitzer ein, die es aber nicht weniger wüst als die vorherigen trieben. Diesmal waren es die Bauern, die leiden mussten, und so brandschatzten sie die Burg 1525 beim Bauernaufstand. Um 1594 soll der Besitzer Markgraf Eduard Fortunat eine Alchimistenwerkstatt auf der Burg betrieben und sich mit Falschmünzerei beschäftigt haben. 1689, im Pfälzischen Erbfolgekrieg,*

*wurde die Burg ein drittes Mal zerstört und dann vorläufig nicht wieder aufgebaut.*
*Der Ostturm wurde 1781 durch einen Blitzschlag gespalten und die Einwohner*
*des nahegelegenen Orts Steinbach nutzten die Ruine in der Folge als Steinbruch.*
*Ende des 19. Jahrhunderts fanden aber Restaurierungsmaßnahmen zumindest an*
*den Mauern der Burg statt. 1892 wurde eine Gaststätte erbaut, die heute noch in*
*Betrieb ist. Der westliche Bergfried kann seit 1985 wieder als Aussichtsturm*
*genutzt werden. (Siehe Bildtafel 5 nach S. 112.)*

# Die Belagerung von Neu-Eberstein

Im Jahr 1357 geriet Graf Eberhard von Württemberg mit dem Grafen Wolf von
Eberstein, sonst »der gleißende Wolf« genannt, in eine schwere Fehde, in welche
auch Wolfs Bruder, Graf Wilhelm auf Neu-Eberstein, verwickelt wurde. Der Württemberger zog mit großer Heeresmacht vor Alt-Eberstein und zerstörte die Burg.
Fast zu derselben Zeit begann aber auch eine große Unzufriedenheit unter dem
schwäbischen Adel rege zu werden, und dieser schloss einige Jahre später einen
Bund mit dem benachbarten württembergischen Adel, welcher der Bund der
Schlegler oder Martinsvögel genannt wurde. Haupt derselben war Graf von Eberstein, der mit einigen Fehdegenossen einen Anschlag auf Graf Eberhard durch-
führte. Dieser hielt sich damals nebst seinem Sohne im Wildbad auf und die Verschworenen hatten so gute Kundschafter, dass ihr Plan auf Vater und Sohn kaum
fehlschlagen konnte. Dessen ungeachtet wurden sie, als das Städtchen Wildbad
bereits in den Händen der Feinde war, durch einen Hirten gerettet, der sie schleu-
nigst durch unbekannte Gebirgspfade in Sicherheit brachte.

Eberhard klagte hierauf die Ebersteiner und ihre Mitverbündeten bei dem Kaiser
als Landfriedensbrecher an; demzufolge der Graf von Oettingen zum Richter ernannt wurde und die von Ebersteins nebst ihren Helfern vorlud. Aber niemand
erschien am festgesetzten Tag vor den Gerichtsschranken. Jetzt wurde vom Kaiser
die Acht gegen Eberhards Feinde ausgesprochen und es erging an mehrere Ritter
und an die Reichsstädte in Schwaben, wie auch an Straßburg, der Befehl, mit ihren
Truppen zu Graf Eberhard zu stoßen, dem man gestattete, die Reichsfahne zu führen.
Allein Markgraf Rudolf von Baden begünstigte heimlich seine Vettern, die Ebersteiner, und Graf Ruprecht von der Pfalz erklärte, die Grafen von Eberstein seien verur-

teilt worden, ohne dass man ihre Verteidigung angehört habe. Zudem sei Graf Wilhelm von Eberstein sein Lehensmann und er müsse diesen als solchen beschützen. Unterdessen zog Graf Eberhard an der Spitze der ihm zu Hilfe gesandten reichsstädtischen Truppen vor Neu-Eberstein auf. Der Pfalzgraf schlug nun einen Vergleich durch Schiedsrichter vor und begab sich deshalb selbst in das Lager vor Eberstein. Eberhard wollte jedoch keinen der vorgeschlagenen Schiedsrichter annehmen.

Auf Neu-Eberstein führte Wolf von Wunnenstein den Befehl. Er war es, von dem der erste Gedanke zur Stiftung des Bundes der Martinsvögel ausgegangen war, und Eberhard hatte ihm seine Burg niedergebrannt. Seine Tochter Ida befand sich bei ihm auf Eberstein, weil er sonst nirgends Sicherheit für sie wusste. Die beiden Grafen von Eberstein hatten sich nach Baden geflüchtet und ihm die Verteidigung ihrer Burg anvertraut, weil er ein tapfrer, einsichtsvoller Krieger war.

Unter den Belagerungstruppen befand sich auch ein Fähnlein aus Heilbronn, welches von einem jungen, in der freien Reichsstadt ansässigen Edelmanne, Georg vom Stein, angeführt wurde. Der Jüngling hatte längst für die schöne Ida eine heftige Leidenschaft gehegt und auch Gelegenheit gefunden, ihr seine Liebe zu erklären. Ida war gegen ihn nichts weniger als gleichgültig und diese Neigung ihrem Vater kein Geheimnis geblieben, weshalb er nun darauf seinen Plan zur Rettung von Eberstein baute. Er ließ Graf Eberhard wissen, wie er geneigt sei, eine Kapitulation abzuschließen. Man möge ihm daher den Ritter vom Stein als Unterhändler schicken, da er sich fest vorgenommen habe, nur mit diesem allein den Vertrag zu schließen. Eberhard willigte ein und Georg, hocherfreut über diese gute Gelegenheit, seine Geliebte wiederzusehen, begab sich auf die Burg, nicht ohne sich zuvor ein freies Geleit zusichern zu lassen. Der Wunnensteiner empfing ihn aufs Beste und stellte ihm hierauf vor, wie Graf Eberhard ebensowohl der Feind der Reichsstädte als der des Adels sei, und dass er gewiss nach und nach beide Teile unterwürfig machen werde. Nur um ihrer Freiheit Willen hätten sich ja die Schlegler verbunden, und ihre Allianz sei ebenfalls zum Frommen der freien Städte als des Adels geschlossen worden. Dies schien dem jungen Georg vom Stein einzuleuchten, denn in der Tat war Eberhard so wenig ein Freund der freien Städte als der Ritterschaft. Während dieser Unterredung trat Fräulein Ida in das Gemach. – »Ihr hier, Herr vom Stein?«, rief sie, mit scheinbarer Verwunderung und sich gleichsam wegen der verursachten Störung entschuldigend.

»Ihr hättet mich wohl nicht hier vermutet, mein Fräulein?«, entgegnete der Ritter.

»Wenigstens nicht unter unseren Feinden, den Belagerern!«, versetzte sie.

Der Ritter geriet in die größte Verlegenheit. Er beteuerte, dass er noch immer jeden Augenblick bereit sei, sein Leben für sie einzusetzen.

»Das sind eitle Versicherungen!«, bemerkte das Fräulein. »Sprecht: was wird meines Vaters Los und das meinige sein, falls Burg Eberstein durch Sturm genommen werden sollte?«

»Neu-Eberstein soll nicht gestürmt werden!«, rief Georg begeistert, »und Ihr, Fräulein Ida, und Euer Vater, sollt nicht in die Hände der Feinde fallen!«

»Wie wollt Ihr Eure Worte denn bestätigen?«, fragte der Wunnensteiner.

»Wie? Dafür lasst nur mich sorgen!«, erwiderte Georg. »Aber gebt mir wenigstens die Hoffnung mit auf den Rückweg, dass, wenn Ihr wieder in Freiheit seid, Ida meiner noch in Liebe gedenken werde!«

»Rechnet getrost auf die Dankbarkeit sowohl des Vaters als der Tochter!«, erwiderte der Wunnensteiner, dem Jüngling freundlich die Hand drückend, und Georg schied, von den Reizen der Geliebten womöglich noch bezauberter als vorher.

Gleich nach seiner Rückkehr ins Lager gab er dem Grafen Eberhard Nachricht von dem Erfolg seiner Unterhandlung. »Die Belagerten«, sprach er, »suchen nur Zeit zu gewinnen und scheinen zuverlässig auf Hilfe vom Pfalzgrafen und vom Markgrafen Rudolf von Baden zu rechnen.«

Gegen die Hauptleute der reichsstädtischen Fähnlein führte Georg jedoch eine andere Sprache. Er machte sie auf die wachsende Macht des Württembergers aufmerksam, der auch die freien Städte unterjochen werde, wenn er nur erst einmal den Adel bezwungen habe. »Wir arbeiten«, schloss er seine Warnungsrede, »an unserem eigenen Untergange, wenn wir noch länger zum Grafen Eberhard halten, und opfern unsere Kräfte für einen gefährlichen Feind, dessen ehrgeizige Absichten keinem von euch verborgen sein können.«

Diese Worte machten auf die reichsstädtischen Führer einen umso tieferen Eindruck, als sie ohnehin schon über den langsamen Gang der Belagerung unzufrieden murrten und schon längst unter ihnen ein Misstrauen gegen den Grafen von Württemberg herrschte. Georg suchte zugleich die Nachricht zu verbreiten, der Pfalzgraf bereite einen Einfall in Schwaben vor, was denn auch die Folge hatte, dass eines Morgens sämtliche Anführer des reichsstädtischen Zuzugs in sein Zelt traten und ihm ihren Entschluss eröffneten, mit ihren Truppen wieder heimzuziehen, falls er sich ihnen anschließen wolle. Nach einigen unbedeutenden Einwürfen, unter denen Georg seine Freude über die gelungene List zu verbergen suchte, kamen sie miteinander dahin überein, diesen Entschluss zuerst dem Grafen und dann ihren Truppen zu eröffnen, und erst dann am nächsten Morgen abzuziehen. Graf Eberhard bat, zürnte und drohte; doch alles war umsonst, zumal als die Soldaten erfuhren, was vorging. Alles schrie: »Nach Hause! Nach Hause!«, und dem Grafen von Württemberg blieb nichts übrig, als gehen zu lassen, was er doch nicht mehr zurückhalten konnte. Am nächsten Morgen, bei Anbruch der Dämmerung, verließen die Truppen der Städte Straßburg, Heilbronn, Esslingen, Augsburg, Ulm, Nördlingen und noch einige mehr das Lager und zogen in tiefster Stille ab, um die Belagerten nicht aufmerksam zu machen. Diese jedoch erfuhren früh genug, was vorgegangen war, und machten häufige Ausfälle, sodass sich Graf Eberhard bald zu schwach fühlte, die Belagerung mit Erfolg fortzusetzen. Wenige Tage nach dem Abzug der Hilfstruppen hob er die Belagerung auf und kehrte in sein Land zurück. Georg vom Stein aber säumte nicht, sogleich nach Burg Eberstein zu eilen, wo seine Werbung von Vater und Tochter gleich freundlich aufgenommen wurde, denn er hatte ja Wort gehalten.

*Die Burg Neu-Eberstein (auch Novum Castrum Eberstein) wurde im 13. Jahrhundert erbaut und diente als Sitz der Grafen von Eberstein. Der in der Sage erwähnte Graf von Württemberg war Eberhard II. (nach 1315–1392). Auch der Mordversuch des Wolf von Eberstein im Jahr 1367 in Wildbad ist überliefert. Die gegen die Reichsstädte gerichtete Politik des Württemberger Grafen ging jedoch nicht auf. Es kam zu Schlachten gegen die im Schwäbischen Städtebund zusammengeschlossenen Reichstädte, die aber ihre Unabhängigkeit behaupten konnten. Friedrich Schiller und Ludwig Uhland haben Graf Eberhard Gedichte gewidmet.*

Wappen der Grafen von Eberstein
(Scheibler'sches Wappenbuch 1450–1480).

# Der Überfall im Wildbad

In schönen Sommertagen, wann lau die Lüfte wehn,
Die Wälder lustig grünen, die Gärten blühend stehn,
Da ritt aus Stuttgarts Toren ein Held von stolzer Art,
Graf Eberhard der Greiner, der alte Rauschebart.

Mit wenig Edelknechten zieht er in's Land hinaus,
Er trägt nicht Helm noch Panzer, nicht geht's auf blut'gen Strauß,
In's Wildbad will er reiten, wo heiß ein Quell entspringt,
Der Sieche heilt und kräftigt, der Greise wieder jüngt.

Zu Hirschau bei dem Abte, da kehrt der Ritter ein
Und trinkt bei Orgelschalle den kühlen Klosterwein.
Dann gehts durch Tannenwälder in's grüne Tal gesprengt,
Wo durch ihr Felsenbette die Enz sich rauschend drängt.

Zu Wildbad an dem Markte, da steht ein stattlich Haus,
Es hängt daran zum Zeichen ein blanker Spieß heraus,
Dort steigt der Graf vom Rosse, dort hält er gute Rast,
Den Quell besucht er täglich, der ritterliche Gast.

Wann er sich dann entkleidet und wenig ausgeruht.
Und sein Gebet gesprochen, so steigt er in die Flut;
Er setzt sich stets zur Stelle, wo aus dem Felsenspalt
Am heißesten und vollsten der edle Sprudel wallt.

Ein angeschossner Eber, der sich die Wunde wusch,
Verriet voreinst den Jägern den Quell in Kluft und Busch,
Nun ist's dem alten Recken ein lieber Zeitvertreib,
Zu waschen und zu strecken den narbenvollen Leib.

Da kömmt einstmals gesprungen, sein jüngster Edelknab':
»Herr Graf! es zieht ein Haufe, das obre Tal herab.

Sie tragen schwere Kolben, der Hauptmann führt im Schild
Ein Röslein rot von Golde und einen Eber wild.«

»Mein Sohn! das sind die Schlegler, die schlagen kräftig drein, –
Gib mir den Leibrock, Junge! – das ist der Eberstein,
Ich kenne wohl den Eber, er hat so grimmen Zorn,
Ich kenne wohl die Rose, sie führt so scharfen Dorn.«

Da kömmt ein armer Hirte, in atemlosem Lauf:
»Herr Graf! es zieht 'ne Rotte, das untre Tal herauf.
Der Hauptmann führt drei Beile, sein Rüstzeug glänzt und gleißt,
Dass mir's, wie Wetterleuchten, noch in den Augen beißt.«

»Das ist der Wunnensteiner, der gleißend' Wolf genannt, –
Gib mir den Mantel, Knabe! – der Glanz ist mir bekannt,
Er bringt mir wenig Wonne, die Beile hauen gut, –
Bind mir das Schwert zur Seite! – der Wolf, der lechzt nach Blut.

Ein Mägdlein mag man schrecken, das sich im Bade schmiegt,
Das ist ein lustig Necken, das Niemand Schaden fügt,
Wird aber überfallen, ein alter Kriegesheld,
Dann gilt's, wenn nicht sein Leben, doch schweres Lösegeld.«

Da spricht der arme Hirte: »Deß mag noch werden Rat,
Ich weiß geheime Wege, die noch kein Mensch betrat,
Kein Ross mag sie ersteigen, nur Geißen klettern dort,
Wollt Ihr sogleich mir folgen, ich bring' Euch sicher fort.«

Sie klimmen durch das Dickicht, den steilsten Berg hinan,
Mit seinem guten Schwerte haut' oft der Graf sich Bahn.
Wie herb das Fliehen schmecke, noch hatt' er's nie vermerkt,
Viel lieber möcht' er fechten, das Bad hat ihn gestärkt.

In heißer Mittagsstunde, bergunter und bergauf!
Schon muss der Graf sich lehnen, auf seines Schwertes Knauf.

Darob erbarmt's den Hirten, des alten, hohen Herrn,
Er nimmt ihn auf den Rücken: »Ich tu's von Herzen gern.«

Da denkt der alte Greiner: »Es tut doch wahrlich gut,
So sänftlich sein getragen, von einem treuen Blut;
In Fährden und in Nöten, zeigt erst das Volk sich echt,
Drum soll man nie zertreten, sein altes, gutes Recht.«

Als drauf der Graf gerettet, zu Stuttgart sitzt im Saal,
Heißt er 'ne Münze prägen, als ein Gedächtnismal,
Er gibt dem treuen Hirten, manch blankes Stück davon,
Auch manchem Herrn vom Schlegel, verehrt er eins zum Hohn.

Dann schickt er tücht'ge Maurer, in's Wildbad alsofort,
Die sollen Mauern führen, rings um den offnen Ort,
Damit in künft'gen Sommern, sich jeder greise Mann,
Von Feinden ungefährdet, im Bade jüngen kann.

(Ludwig Uhland)

Ludwig Uhland (1787–1862) war nicht nur Dichter und Literaturwissenschaftler, sondern auch Jurist und Politiker. Mit Gustav Schwab, Justinus Kerner und Karl Mayer bildete er den sogenannten Schwäbischen Dichterkreis. Uhland thematisierte in seinen Balladen oft geschichtliche Themen, so etwa in »Schwäbische Kunde« das Ereignis, bei dem Kaiser Friedrich I., genannt Barbarossa, auf dem Rückzug vom Dritten Kreuzzug ertrank. Uhland war in Tübingen Professor, Landtagsabgeordneter und Abgeordneter im deutschen Nationalparlament.

# Die Sage von der Freudenburg

Im Regierungsbezirk Arnsberg, der westfälischen Provinz des Königreichs Preußen, über dem Flecken Freudenberg, liegen auf steiler Berghöhe die wenigen Überreste der alten Burg Freudenburg, von denen aus man eine herrliche Aussicht in die unter ihr liegenden Täler genießt. Im Besitz der Burg befand sich im 14. Jahrhundert eine adelige Familie von Wildenstein. Nun war aber der letzte männliche Besitzer aus diesem Hause, Ritter Siegfried von Wildenstein in einer Fehde gefallen und hatte ein einziges Kind, ein vierzehnjähriges Mädchen hinterlassen, das sehr bald zu einer herrlichen Jungfrau aufblühte. Allerdings sollte ihre Tante, die Schwester ihres Vaters, welche unvermählt auf der Veste lebte, ihre Erziehung leiten. Allein dieselbe bekümmerte sich nur wenig darum und das Mädchen selbst als reiche und einzige Erbin der Güter ihres Vaters wollte natürlich auch von einer armen Anverwandten keine Lehre annehmen. Es fehlte natürlich auch nicht an jungen und schönen Freiern, die sich um die Hand der reichen Erbin bewarben. Die Jungfrau zeichnete keinen aus, vernachlässigte aber auch ebenso wenig einen und so kam es, dass sie anfangs zwar zufrieden war, von zahlreichen Anbetern umlagert zu sein, bald aber eine Art Vergnügen daran fand, unter den Einzelnen geheime Eifersucht zu erregen. Keiner konnte sich bisher einer Bevorzugung rühmen.

Da kam eines Tages ein Ritter von Arnburg auf die Burg. Er war am kaiserlichen Hofe erzogen und wie dazu geschaffen, allen Mädchen die Köpfe zu verdrehen. Es schien, als wolle er sich um die Jungfrau bewerben. Ihm schenkte sie ihr Herz und da der Ritter sein Glück zu benutzen verstand, so wusste er über ihre Tugend zu siegen und verließ sie, nachdem er dieselbe verführt hatte. Einmal gefallen, ergab sie sich nun aber einem leichtsinnigen und frevelhaften Leben und dachte nicht mehr an eine ernste Verbindung. Fest reihte sich auf der Burg an Fest und so lebte sie einige Jahre im Taumel wollüstiger Freuden, sodass ihre Burg jetzt den Namen der Freudenburg mit Recht trug.

Als aber ihre Reize mit den Jahren abzunehmen begannen, da beschloss sie, irgendeinen ihrer zahlreichen Anbeter fest an sich zu fesseln und wählte dazu einen noch unerfahrenen Junker namens von Wartau. Der ließ sich auch von ihr umgarnen und sie heirateten. Spottend des blinden Toren zogen nun ihre übrigen Verehrer aus der Burg und es schien auch, als habe die wahre Liebe ihres Erwählten ihr Herz gebessert, denn sie lebte einige Zeit still und sittlich mit ihrem Gatten. Allein bald dünkte ihr diese Einförmigkeit abgeschmackt, sie sehnte sich zurück in den wechselnden Kreis ihres früheren Lebens. Ihr Gemahl jedoch wusste dies zu hindern, allein dadurch ward er ihr zuwider und da sie nun keine anderen Männer um sich sehen konnte, richteten sich ihre begehrlichen Blicke nach unten auf die Knappen ihres Mannes.

Es konnte nicht fehlen, dass ihr unter denselben einer gefiel, und sie wusste es so einzurichten, dass derselbe sie einstmals scheinbar schlafend in dem an die Burg grenzenden Eichwalde in sehr verführerischer Stellung fand. Zwar wollte der Bursche sich anfangs abwenden und die Schläferin schlafen lassen, allein die böse Lust war zu groß in ihm. Er nahte sich ihr und ehe er sich versah, lag er in ihren Armen. Damit waren die Schranken gefallen, welche die Ehrfurcht bisher zwischen beiden Teilen gezogen hatte. Natürlich blieb es nicht bei der einen Zusammenkunft, es folgten mehrere, aber auch der Verräter schlief nicht, und als sie eines Abends wieder im Eichwalde sich verbotenen Umarmungen hingaben, war auch der beleidigte Gatte zur Stelle und ermordete sie beide. Er entfloh darauf und fand seinen Tod im Heiligen Krieg, die Burg aber kam in den Besitz der Grafen von Wertheim, die sie vollständig niederrissen und neu erbauten. Auf der Höhe des Berges aber, in dem Eichenwald, wo die beiden Verbrecher starben, irren ihre Schatten noch heute herum und schrecken den nächtlichen Wanderer.

Burg Freudenberg war eine Höhenburg an der Stelle, an der die evangelische Pfarrkirche der Stadt Freudenberg heute steht. Erstmalige Erwähnung fand die Burg im Jahr 1389 und sie gehörte den Grafen von Nassau. Im 16. und 17. Jahrhundert nahm die Burg durch große Brände Schaden, Anfang des 19. Jahrhunderts entfernte man die Reste der Burg bis auf ein Stück des Schlossturms, der heute der Glockenturm der evangelischen Pfarrkirche ist. Es gibt im Übrigen auch noch eine Freudenburg in Freudenberg am Main.

# Die Burggrafensöhne von Nürnberg

Auf dem Burggrafenschloss zu Nürnberg, – das war nicht, wie noch viele meinen, das alte Reichsschloss, da noch jetzt stolz vom Felsen auf die Stadt herabsieht, sondern die Zollernburg, die schon 1419 von Christoph von Leiningen zerstört wurde, und an deren Stelle jetzt die sogenannte Kaiserstallung steht – wohnte in den sechziger Jahren des 13. Jahrhunderts Graf Friedrich von Hohenzollern mit seiner Gemahlin Elisabeth und sechs Kindern, worunter zwei junge Herrlein, die der Stolz und die Freude ihrer Eltern waren.

Der achtzehnjährige Hans und sein zwei Jahre jüngerer Bruder Sigmund, wohlerfahren schon im Waffenhandwerk, hatten ihren Mut und ihre Unerschrockenheit bereits in manchem Strauß mit dem Raubgesindel bewährt, das die Umgegend der damals schon aufblühenden Handelsstadt unsicher machte. Auch waren sie überaus kühne Jäger, eine Eigenschaft, welche das edle Waidwerk in jener Zeit von seinen Jüngern noch umso mehr heischte, als Bären und Wölfe keine seltenen Gäste selbst in den Waldungen Mitteldeutschlands waren. So brachen im Oktober 1264 ganze Rudel von Wölfen in die Dörfer des Fichtelgebirges und drangen, von den Bewohnern vertrieben, in die fränkischen Niederungen herab bis in den Reichswald, der noch heute Nürnberg ringsum wie ein Gürtel umgibt, in jener Zeit aber weit näher an die Tore der Stadt nach ihrem damaligen Umfang sich heranzog.

Die Nürnberger Burg liegt mitten in der Stadt.

In diesem Reichwald wohnten die »Zeidler«, Bauern, welche Bienenzucht betrieben und die ganze Gegend mit Honig versorgten, von dem sie eine Steuer in natura abliefern mussten. Eines Tages nun trug ein solcher Zeidler die Honigsteuer mit seiner Frau zur Stadt und ließ indes seine Hütte im Wald, wie wohl schon öfter, unter der Obhut seines zehnjährigen Knaben Konrad, mit der strengen Weisung, dass er und sein kleines Schwesterlein Agnes bis zur Heimkehr der Eltern die Hütte nicht verlassen sollten.

Aber der freundliche Herbstsonnenschein lockte das kleine Mädchen doch vor die Tür, und als es Konrad gewahr wurde und er sein Schwesterlein wieder hereinholen wollte, stürzten zwei heißhungrige Wölfe herbei, von denen, trotz Konrads mutiger Abwehr, der mit einer an die Hütte gelehnten Heugabel auf die Bestien losschlug, einer das kleine Mädchen im Nu zerfleischte, der andere ihn selbst bedrohte. Bald erlahmten die schwachen Kräfte des Knaben und als am Ausgang des Waldes die aus der Stadt zurückkommenden Eltern erschienen, hauchte auch bereits Konrad sein Leben unter den Krallen der Wölfe aus. Sein letzter Wehruf war noch zu den Ohren der Unglücklichen gedrungen, die mit von Angst beflügelten Schritten herbeieilten und sich unter herzzerreißendem Jammergeschrei, vor dem die Wölfe die Flucht ergriffen, auf die blutigen Überreste ihrer Kinder stürzten.

Als am andern Tage auf dem Burggrafenschloss im großen Refektorium Graf Friedrich, seine Gemahlin, die jungen Grafen, der Reichs-Schultheiß und der Reichs-Vogt beisammen zu Tische saßen und sich eben über eine große Jagd besprachen, die am andern Tage abgehalten werden sollte, da entstand auf einmal großer Lärm vor der Saaltür. Die wachhabenden Söldner kreuzten ihre Spieße, um die, die den Eintritt verlangten, abzuwehren. Aber Burggraf Friedrich, ein wohlwollender Mann, befahl, den Weg zu öffnen. Da stürzte das Zeidlerpaar in den Saal und die unglückliche Mutter warf zum Entsetzen der ganzen Tischgesellschaft aus dem Korbe, den sie auf ihrem Rücken trug, die blutigen Gebeine ihrer Kinder auf den Boden des Saales. »Da, Herr Reichsvogt«, schrie der verzweifelte Vater, »nehmt auch meine Kinder als schuldigen Zins, die die Wölfe gestern zerrissen, während ich und mein Weib euch den Honigzehnten brachten.«

Die ganze Tafelrunde war erstarrt vor jähem Schreck. Die Burggräfin erhob sich und nahte der armen Mutter mit tröstenden Worten. Besonders aber auf die beiden jungen Grafen hatte die Szene einen tief erschütternden Eindruck gemacht. Statt der verabredeten Jagd wurde nun beschlossen, mit der nächsten Morgenfrühe nach der Gegend auszuziehen, in der die Wölfe so großes Unheil angerichtet hatten. Eine große Zahl Ritter und Herren der Stadt, mit vielen Jägern und Reisigen und einer großen Meute Hunde wurden dazu aufgeboten, und der Burggraf und seine Söhne gelobten, nicht eher rasten zu wollen, bis das arme Landvolk und die Bewohner des Waldes von der furchtbaren Geißel der Wolfsungeheuer befreit seien.

Am frühesten Morgen schon riefen im Hofe der Zollernburg die Hörner zur Jagd. Die beiden jungen Burggrafen saßen bereits auf ihren Ross. Die ganze Jagdgesellschaft war schon versammelt und die Knechte koppelten die Hunde, von denen eine große Anzahl den Jagdzug begleiten sollte. Da erschien die Burggräfin Elisabeth an der Seite ihres Gemahls mit bleichem Antlitz und rot geweinten Augen. Ein qualvoller Traum, in welchem sie ihre beiden Söhne als entstellte, blutige Leichen von der Jagd ins Schloss zurückgebracht sah, hatte sie in der vergangenen Nacht geängstigt, und sie beschwor ihre Söhne, von dem gefährlichen Zuge zurückzubleiben.

Das aber hieß den jungen, tatenlustigen Prinzen, die sich so sehr auf die bevorstehende Jagd freuten, zu viel zugemutet. Trotz der kindlichen Liebe, die sie zu Frau Elisabeth hegten, machte keiner von ihnen Miene, den Bitten der Mutter zu willfahren. Das stampfende Ross zwischen den kräftigen Schenkeln, die Armbrust auf dem Rücken, den Jagdspeer in der Faust und rings umgeben von einer Schar mutiger, von Jagdlust glühender Gefährten, wie wäre es da möglich gewesen, zurückzubleiben? Und doch – wenn ein Wort des Vaters die Bitte der Mutter unterstützt hätte, wäre der angewöhnte Gehorsam Sieger über die Lust des eigenen Wollens geworden. Aber Burggraf Friedrich sah in dem Traum seiner Gattin nichts als die Folge des Schrecks und der Aufregung durch die entsetzliche Szene, die das Erscheinen des Zeidlerpaares bei dem gestrigen Mittagsmahl herbeigeführt hatte.

»Ihr gebt euch unnützer Besorgnis hin, Elisabeth«, tröstete er seine Gattin. »Hilflosen schwachen Kindern mögen diese Wölfe gefährlich sein, wohl auch dem unbewehrten, einsamen Wanderer. Was aber vermögen sie gegen eine Schar waidgeübter Männer, wie sie heute gegen diese Bestien auszieht?«

»Seid unbesorgt«, setzte er noch leise hinzu und reichte ihr die Hand vom Gaul herunter. »Ich werde Befehl geben, die beiden Knaben noch besonders in Obhut zu nehmen, falls ihr Jugendmut sie weiterführen sollte, als es Klugheit und Vorsicht heischen.« Und mit diesen Worten sprengte er an die Spitze des Zuges, der sich über den Panierberg, am Schottenkloster vorüber, längs der inneren Stadtmauer gegen die Pegnitzfurt hinabbewegte und in kurzer Zeit die Grenze des südlichen Waldes erreichte, in dem sich am vergangenen Tag das Unglück mit den Wölfen ereignet hatte.

Lange noch sah Frau Elisabeth vom Söller der Burg den Dahinziehenden nach. Dann suchte sie Trost im Gebet für das Heil des Gatten und der Söhne vor dem Bild der schmerzensreichen Mutter in der Burgkapelle.

Das Ergebnis der Jagd war ein über alle Erwartung günstiges. Noch stand die Sonne hoch am Himmel, als in dem großen Kreis, in dem mehr als hundert Knechte mit einer entsprechenden Anzahl Rüden, unter denen viele jener mächtigen Wolfshunde, die eigens zu der Jagd dieser Raubtiere gezogen wurden, das Wild aller Arten zusammengetrieben hatten, außer sechs gewaltigen Hirschen, fünf Ebern, einer Menge Füchse und mehreren Wölfen den Jagdspießen und den Bolzen der Armbrüste erlegen waren. Die ganze Jagdgesellschaft versammelte sich nun auf der Höhe, unweit des jetzigen Schlösschens Lichtenhof, wo eine große Waldblöße hinlänglich Raum zum fröhlichen Gelage bot. Der Becher kreiste fleißig in der Runde der edlen Herren und lustige Unterhaltung über manches Abenteuer der Jagd kürzte die Zeit. Der Burggraf aber sandte einen reisigen Knecht voran ins Zollernschloss zu der ängstlich harrenden Gattin mit der fröhlichen Kunde vom glücklichen Erfolg der Jagd und seiner baldigen Heimkehr mit den Söhnen. Eben war die Herbstsonne am westlichen Horizont hinabgesunken, als der Zug sich wieder zum Aufbruch rüstete, und ehe man zur Stadt gelangte, senkten sich die Herbstnebel bereits so tief auf Flur und Wald, dass der Schein der angezündeten Fackeln kaum durchzudringen vermochte.

In der Nähe des jetzigen sogenannten weißen Turms, der zu jener Zeit das südwestliche Stadttor bildete, lag, dicht an dem die Stadt umgebenden Graben, ein Jagdschlösschen des Burggrafen, oder vielmehr eine Art Remise für Jagdgerätschaften und Waidmannszubehör, in welchem zunächst die heute gemachte Jagdbeute untergebracht werden sollte. Weiter hinaus gegen das jetzige Spittlertor erstreckte sich die fast ausschließlich von Sensenschmieden bewohnte Vorstadt, in der es bei der Rückkehr des Jagdzugs noch besonders lebhaft war, denn Alt und Jung lockte der lustige Klang der Jagdhörner aus den kleinen niedrigen Häusern, um die Heimkehrenden vorüberziehen zu sehen. Während Burggraf Friedrich an der Spitze des Zuges zur Burg ritt, wandten sich seine beiden Söhne dem Schlösschen zu, um daselbst die nötigen Anordnungen zur Unterbringung des erlegten Wildes zu treffen und zu überwachen. Plötzlich erscholl aus der Gegend, wo die Sensenschmiede wohnten, ein grässliches Geschrei, und eine große Menschenmenge drängte sich auf der Straße hin und her. Jeder fragte, was geschehen sei und keiner vermochte sicheren Bescheid zu geben. Die beiden jungen Burggrafen brachen sich mit ihren Pferden Bahn durch die wogende Menge und sahen sich plötzlich umringt von einem Haufen rußiger Sensenschmiede, die, mit Eisenstangen bewaffnet, unter wütendem Geschrei auf die Prinzen eindrangen, ehe diese auch nur zu ahnen vermochten, was sich hier begeben und welchen Grund die plötzliche Wut des sie umgebenden Haufens habe.

Da öffnete sich der Kreis. Vor ihren Augen entwickelte sich ein herzzerreißendes Schauspiel. Auf einer Tragbahre brachten die Sensenschmiede den noch zuckenden, blutenden Leichnam eines vierjährigen Knaben und stellten die Bahre vor den jungen Burggrafen nieder. Über den Leichnam des Kindes warf sich die vor Schmerz halb wahnsinnige Mutter, und Burckhardt, der Vater, schwang in grimmiger Wut ein gewichtiges Beil gegen die Prinzen, die sich vergebens bemühten, von der wütenden Menge, die sie mit wildem Geschrei umtobte, Aufschluss über den entsetzlichen Vorfall zu erhalten. Die wenigen Knechte, die sich noch im Geleite der beiden Jünglinge befanden, wehrten den wütenden Haufen ab, solange sie es vermochten. Burckhardt, von ihnen überwältigt, blutete bereits am Boden und mehrere der anstürmenden Sensenschmiede teilten sein Los. Doch ihrer waren zu viele gegen die Handvoll Reisige. Trotz tapferster Gegenwehr wurde Sigmund vom Pferde gerissen und hauchte unter den mörderischen Hieben der rasenden Schmiede sein Leben aus.

Hans, der den Bruder so lange männlich verteidigte, bis er selbst aus mehreren Wunden blutend, kampfunfähig geworden war, suchte sich durch seines Rosses Schnelligkeit zu retten, aber unweit des Jagdschlösschens, wohin er sich zurückziehen wollte, geriet sein Pferd an eine sumpfige Stelle, wo es bis in die Fesseln versank. Da sauste plötzlich ein Beil durch die Luft und traf ihn am Haupte, sodass er bewusstlos vom Pferde sank und von der wütenden Menge erschlagen wurde. Mit seinem Tode schien die Mordlust des wilden Haufens gestillt. Er zerteilte sich nach verschiedenen Seiten und es gelang den wenigen Knechten, die nicht schwer verwundet am Boden lagen, die Leichname ihrer jungen Herren über ihre Spieße gelegt von dem Mordplatz wegzubringen.

Die Kunde von der schrecklichen Untat und ihrer Veranlassung war ihnen vorausgeeilt zur Zollernburg, deren Gemächer der herzzerreißende Jammer der Gräfin Elisabeth erfüllte und erst jetzt klärte sich die Ursache des traurigen Ereignisses in seiner ganzen Schrecklichkeit auf.

Als die Trossknechte, welche den Schluss des Zuges bildeten und die die von der Jagd erhitzten Hunde an der Leine führten, in das Quartier der Sensenschmiede gelangt waren, wollte es ein unglücklicher Zufall, dass der Knabe des Meisters Burckhardt von der sorglichen Mutter gegen die raue Luft des Oktoberabends in eine Wolfsschur gehüllt, vor der Tür der elterlichen Hütte stand. Kaum erblickten die Hunde das im Pelz gehüllte Kind, als sie sich von der Leine losrissen und wütend auf den vermeintlichen Feind stürzten, den sie während des Tages so oft siegreich verfolgt hatten. Ehe sie von den bestürzten Knechten von ihrer Beute weggerissen werden konnten, war das Unglück geschehen und das schwache Kind ein Opfer ihrer Wut geworden.

Der Anblick der gemordeten Prinzen entzündete in den Herzen der Ritter und Herren, die noch im Burggrafenschloss versammelt waren, die wildeste Rachelust.

»Siebenfach komme das Blut dieser Jünglinge über ihre Mörder!«, erscholl ihr Schlachtruf, und nur der Besonnenheit des Burggrafen, die ihn auch unter den Qualen des Vaterschmerzes, die seine Seele folterten, nicht verließ, gelang es, die Ausführung des Racheplans wenigstens für den Augenblick zu verhindern. Doch traf er alle Anstalten, ein fürchterliches Strafgericht über die Mörder seiner Söhne zu verhängen, und auch der Rat der Stadt sagte ihm seine Hilfe zu.

Indes wartete die Sensenschmiede die Folgen ihrer blutigen Taten nicht ab, sondern verließen noch in der Nacht mit Weib und Kind die Stadt und zogen nach Donauwörth, wo sie sich vor der Rache des Burggrafen sicher wussten.

In der Folge legte der Burggraf mit Bewilligung des Rates den Bewohnern der Stadt ein jährliches Sühnegeld von 7 Pfund Hellern auf, das jedes Mal um Michaeli zu bezahlen war und erst von Burggraf Friedrich V. 1386 wieder aufgehoben wurde.

*Der ältere Chronist Sigmund Meisterlein weiß von der ganzen Begebenheit nichts und ebenso wenig findet man in den Geschichtswerken über das Burggrafentum Nürnberg und in der Genealogie der Burggrafen eine Spur davon. Die Sage scheint demnach erst spät entstanden zu sein, hat sich aber so im Volksglauben eingenistet, dass sie in dieser Sammlung unter den Volkssagen wohl ihre Berechtigung hat.*

*Friedrich II. – König und ab 1220 Kaiser des römisch-deutschen Reiches – machte mit dem »Großen Freiheitsbrief« Nürnberg im Jahr 1219 zur Freien Reichsstadt. Der Einfluss der Burggrafen beschränkte sich danach auf die Burg selbst, endete sogar im Jahr 1427, als der letzte Burggraf Friedrich der VI. die Burggrafenburg an den Rat der Stadt verkaufte. So ist es verständlich, dass der Burggraf in der Sage die Strafe nicht ohne den Rat der Stadt durchsetzen konnte. Bei dem Burggrafen handelt es sich vermutlich um Friedrich III. aus dem Hause Hohenzollern, denn er war in erster Ehe mit Elisabeth von Meranien verheiratet. Seine beiden Söhne Johann und Siegmund gelten als um 1261/62 in der Nähe von Nürnberg ermordet.*

# Die Sagen von der Entstehung der Burg Altena

Es gibt zwei Sagen von der Entstehung des Namens der bergischen Bergveste Altena.

Nach der einen soll um die Mitte des 10. Jahrhunderts ein Graf Hermann vom Berge, Vogt von Deutz, nachdem er einen Überfall seiner Leute durch den Grafen von Arensberg bei Neustadt abgeschlagen hatte, an der Lenne ein Schloss als

Burg Altena.

Schutzwehr gegen diese seine feindlichen Nachbarn erbaut haben, und dieses soll davon, als jene wiedergekommen waren, aber ihre Gegner auf ihrer Hut und ihnen selbst allzu nah gefunden, den Namen Allzunah erhalten haben, aus dem sich dann Altena entwickelte.

Eine zweite Sage setzt aber das Jahr der Erbauung der Burg erst später um das Jahr 1000 an. Es sollen nämlich zwei Brüder, Römer, aus dem alten weitberühmten Geschlechte der Ursiner (Orsini) dem Kaiser Otto die damals wilde Gegend um Wupper und Lenne abgekauft und an der Lenne ein Schloss zu bauen begonnen haben. Als dort die Arbeiter mit dem Holzfällen begannen, sei ein Haselhuhn aufgeschreckt worden und Schutz suchend in den Schoß des einen der Herren geflogen, der es in seinem Mantel aufgefangen und dann zu den Arbeitern gesprochen habe: »Gottes Gnade wird unserm Unternehmen ein gutes Gedeihen geben. Schon sandte er ein glückliches Zeichen. Drum wacker an's Werk!« Da kam aber der mächtige Graf von Arensberg, erhob Einspruch gegen das Bauen und sagte: »Dies Schloss, das Ihr errichtet, ist allzunah!« Er glaubte sich nämlich durch das Bauen beeinträchtigt. Aber die Bauherren ließen sich nicht stören, bauten fleißig fort und vollendeten das herrliche Schloss. Da die Veste noch ohne Namen war, so nannten sie solche nach den Worten des Arensbergers ihm zum Spott »Allzunah« (nach dortiger Mundart: »all te nae«). Vergeblich belagerte dann der Arensberger die Burg, um sie zu zerstören; sie blieb unbezwingbar. Daraufhin erbauten die Brüder Ursini ein anderes Schloss näher bei Köln, welches Altenberg genannt wurde.

M it dem »Arensberg bei Neustadt« dürfte Arnsberg gemeint sein, denn das Arensberg in der Eifel ist keineswegs allzunah an Altena gelegen. Der Ausdruck »all te nae« in der zweiten Sage ist ein mittelhochdeutscher Ausdruck, dessen Bedeutung dort richtig wiedergegeben ist. Die Burg wurde im 12. Jahrhundert errichtet. Bewohnt wurden sie von den Grafen von der Mark, die einer Seitenlinie der Grafen von Berg entstammen, die sich zunächst Grafen von Altena nannten. Die Grafschaft Mark war ein Gebiet im niederrheinisch-westfälischen Reichskreis und erstreckte sich zu beiden Seiten der Ruhr entlang von Volme und Lenne. Die Grafen von der Mark zählten im Hochmittelalter zu den einflussreichsten und mächtigsten westfälischen Regenten, deren Name auf die Residenz Burg Mark bei dem ehemaligen Dorf Mark zurückgeht, das heute ein Ortsteil der Stadt Hamm ist (zwischen Werries und Berge). Die Burg existiert heute nicht mehr, der Burghügel ist jedoch noch zu sehen und ausgeschildert.

# Schloss Leuchtenberg in der bayerischen Oberpfalz

König Heinrich der Vogler begab sich einmal mit seiner Tochter Jutta und einigen Hofjägern auf die Hirschjagd. Die Prinzessin sprengte auf ihrem flinken Rosse einem flüchtigen Reh hinterher und kam im Eifer der Verfolgung von der Jagdgesellschaft ab. Man suchte nach der Prinzessin, doch alles Suchen war vergeblich. Tage, Monate und Jahre vergingen seither.

Einmal streifte der König nach Jahren wieder jagend durch diesen Wald, in dem er seine Tochter verloren hatte. Es war schon Abend geworden, da leuchtete ihm auf einmal mitten im Wald ein Licht entgegen. Er ritt darauf zu und sah, dass es aus einer Burg kam. Der König bat um Einlass. Welche Freude überkam ihn da. Seine Tochter Jutta war Burgherrin und mit dem Ritter Gebhard glücklich verheiratet. Zum Andenken an dieses freudige Erlebnis nannte man die Burg von da an »Leuchtenberg«.

Doch nicht alle Burgfrauen auf Leuchtenberg hatten ein so glückliches Schicksal wie Prinzessin Jutta. Die Frau eines späteren Burggrafen war von einer fast krankhaften Neugierde geplagt. Der Burggraf drohte ihr gar mit dem Tode, wenn er sie wieder auf frevelhaftem Fürwitz ertappe. Um sie auf die Probe zu stellen, verkleidete er sich als Bote und brachte einen Brief, der an den Schlossherrn gerichtet und mit dem Vermerk versehen war, er dürfe nur vom Burggrafen persönlich geöffnet werden. Doch die Neugierde der Burgfrau war stärker als die Angst vor der Strafe. Noch in Gegenwart des Boten erbrach sie das Siegel und öffnete den Brief. Sie wurde dafür zur Strafe des »Igelsitzens« verurteilt. Nach ihrem Tode befahl der Burgherr, ein Steinbild anzufertigen, das eine auf einem Igel sitzende Frau darstellt. Drunter ließ er die Inschrift anbringen: »Das macht mein Fürwitz, dass ich auf dem Igel sitz.« Dieses Bild konnten die Besucher der Burg Leuchtenberg noch lange sehen.

Die Burgruine Leuchtenberg ist eine gut erhaltene, große Burgruine in der Oberpfalz. Erbaut wurde sie um 1300 von den Landgrafen von Leuchtenberg, einem einflussreichen Adelsgeschlecht. Ende des 14. Jahrhunderts zog die Adelsfamilie jedoch nach Pfreimd und überließ die Burg einem Pfleger. Nachdem dieses Adelsgeschlecht im 17. Jahrhundert verstorben war, verfiel die Burg zusehends und wurde 1842 bei einem Brand stark zerstört. Im 20. Jahrhundert sicherte man die *erhaltene Bausubstanz und baute Teile der Burg wieder auf. Dort finden heutzutage jährlich die Burgfestspiele Leuchtenberg statt.*

# Der Hund auf der Schallaburg

Nicht weit entfernt vom bekannten Stift Melk liegt an den Hängen des bewaldeten Hiesberges die Schallaburg. Der schöne Renaissance-Schlosshof zieht noch heute viele Kunstliebhaber an. Vor Zeiten lebten auf der Burg zwei Brüder aus dem Geschlecht der Losensteiner. Die waren einander feind wie das Wasser dem Feuer. Der Hass aufeinander wurde mit der Zeit so groß, dass sie endlich nicht mehr unter einem Dache wohnen wollten. Deshalb baute sich der jüngere Bruder sein eigenes Schloss neben der alten Burg. Der Ältere verblieb in dieser. Die Reste dieser alten Vesten haben sich bis heute erhalten. Trotz dieser Trennung kam aber der alte Hass nicht zur Ruhe. Oft und oft gerieten die beiden Brüder in wütenden Streit, der zuletzt damit endete, dass der ältere den jüngeren mit dem Schwert erschlug. Ein rotes Kreuz wurde unweit der Burg im Tal errichtet, dort, wo die Tat geschah.

Den Mörder aber plagten seither peinigende Gewissensbisse. Ein Vergessen seiner grausigen Tat versuchte er in einem wilden Jagdleben zu finden. Ruhelos zog er Tag und Nacht mit seinen sieben Hunden durch die Wälder und erlegte, was ihm vor die Augen kam.

Einmal war er vergebens den ganzen Tag durch Felder und Wälder gestreift, ohne ein Wild zu sehen, ohne einen Schuss abzugeben. Schon kam der Abend heran, als er an jener Stelle vorbeikam, wo das Kreuz für seinen toten Bruder stand. Wütend über die ergebnislose Mühe des Tages, zornig über dieses Zeichen seiner alten Schuld, jagte er dem Gekreuzigten eine Kugel durch den Kopf, indem er wütend ausrief: »Habe ich auch den ganzen Tag nichts getroffen habe, du sollst meiner Kugel nicht entgehen!«

Da kam ein gellender Schrei vom Kreuze her. Der Kopf des Gekreuzigten wendete sich nach links – er ist auch heute noch nach links gerichtet. Sofort darauf brach ein fürchterliches Gewitter mit einem so gewaltigen Sturm los, dass die stärksten Bäume geknickt und entwurzelt wurden.

Von Grauen erfüllt eilte der wagemutige Ritter zu seiner Burg zurück. Dort erhielt er die Schreckensnachricht, dass seine Gemahlin soeben einem Kinde das

Leben geschenkt habe, dieses aber einen Hundekopf trug. Wie von Sinnen stürmte der Ritter wieder aus der Burg, verlor sich in Sturm und Regen in den Wäldern und wurde nie mehr gesehen.

Die Missgeburt aber wuchs heran und soll von hündischer Wildheit gewesen sein. Deshalb soll man sie zeitlebens an einer silbernen Kette in einem Raume der Burg gefangen gehalten haben. Da man sich nicht traute, dieses Zwitterwesen von Hund und Mensch im Freien zu zeigen, habe man die drei benachbarten Burgen Schallaburg, Sichtenberg und Sooß durch unterirdische Gänge miteinander verbunden. Der hundsköpfige Sohn des Schlossherrn konnte so unterirdisch von einem Schloss zum anderen wandern. Die Sage erzählt auch, dass dieses Fabelwesen nicht älter als 32 Jahren wurde.

*Die Schallaburg liegt rund sechs Kilometer südlich von Melk, in Niederösterreich. Erste Erwähnung fand die Burg in einer Urkunde des Jahres 1242, doch soll bereits Sieghard von Schala (1104 in Regensburg ermordet) Besitzer gewesen sein. Allerdings starb das Adelsgeschlecht der von Schala bereits Ende des 12. Jahrhunderts aus. Im 16. Jahrhundert wurde die Burg zu einem Renaissanceschloss ausgebaut (siehe Bildtafel 1 nach S. 112). Heute finden dort jährlich große Ausstellungen statt.*

# Das Gespenst mit der weißen Haube auf Burghausen

Der Herzog von Burghausen liebte es, auf Jagd zu gehen und auch anders unterwegs zu sein. Seine Witwe derweil langweilte sich, trug es jedoch lange mit Geduld. Mancher Ritter hätte der jungen Herzogin gerne die Zeit verkürzt, doch traute sich keiner, aus Furcht vor dem Zorn ihres Gatten.

Nur der Koch Dietrich ließ sich nicht schrecken und konnte die Herzogin für sich gewinnen. Um dieses standesungemäße Verhältnis nicht vor allen auszubreiten, trafen sie sich in einer geheimen Kammer im Schloss. Doch einer kannte diese Kammer, der Herzog selbst und als er eines Nachts unvorhergesehen zurück in die Burg kam, ertappte er die beiden Liebenden. Für den Koch dachte er sich eine besonders schlimme Strafe aus: Er sollte lebendig begraben werden. In einer

Nische in der Burg wurde er eingemauert. Welche Strafe die Herzogin erhielt, ist nicht überliefert. Noch lange nach seinem Tod soll der Geist von Dietrich dem Koch als Gestalt mit der weißen Haube im Schloss umgegangen sein.

Die Burg zu Burghausen über der Altstadt der Stadt Burghausen gilt mit 1051 Metern Länge als die längste Burganlage Europas. Nachzuweisen ist sie schon im 11. Jahrhundert als Sitz der Grafen von Burghausen. Sie ging später in den Besitz der Wittelsbacher über und diese erweiterten die Burg gegen Ende des 12. Jahrhunderts. Da die Burg eine hohe strategische Bedeutung hatte, blieb sie auch beim Übergang vom Mittelalter zur Neuzeit erhalten und wurde immer weiter ergänzt. Sie überstand auch den Dreißigjährigen Krieg. Die Mauern wurden nochmals im 18. Jahrhundert verstärkt. Erst Napoleon erklärte die Festungsanlage für veraltet, nachdem zuvor unter Marschall Ney alle nördlichen Außenwerke abgerissen wurden. Doch die darin stationierte Garnison ließ man erst 1891 auf. Zu einem geplanten Abbruch der Burg kam es erfreulicherweise nicht. Stattdessen finden seit 1896 fortdauernde Renovierungen statt.

# Wie die Wartburg gebaut wurde

Über Eisenach, wo der alten Sage nach in grauen Zeiten ein König des Namens Günther gesessen haben soll, dessen Tochter Krimhilde vom Hunnenkönig Etzel gefreit wurde, hob alle Nachbarberge überragend ein felsreicher Gipfel sein vom Fuß der Menschen selten betretenes Haupt.

Das Thüringerland war bereits von einer Burgenkette umgürtet. Die alten Vesten der Frankenkönige standen auf götterheiligen Höhen: Kyffhausen, Disburg, Merwigsburg, Scheidungen und andere. Auch schirmten die Trutzfesten Heldburg, Koburg, Sorbenburg, Rudolfsburg, Eckartsburg, Freiburg, Giebichenstein, Sachsenburg, gleich den Geschlechterwiegen Greiffenstein, Schwarzburg, Käfernburg, Gleichen, Blankenburg am Harz, Anhalt, Mansfeld, Stolberg, Frankenstein, Frankenberg, Henneberg und viele andere neben so manchem Dynasten- und Herrensitz das Land. Einen solchen hatten jenseits des Waldes die Herren von Frankenstein über Eisenach. Das war der Mittelstein. Ihr Stammschloss aber lag über dem Wald drüben im Werratale.

Da nun Graf Ludwig, Ludwigs des Bärtigen Sohn und später der Springer genannt, von seiner Schauenburg durch das Tal ritt, in dem er später das Kloster Reinhardsbrunn gründete, geriet er in das Hörseltal, der Spur eines Wildes folgend, und wurde durch den Anblick eines Felskegels überrascht, der, sonnig angestrahlt, sich hoch über die Nebel hob, welche die Täler umschleierten. Der junge Graf hielt sein Ross an, sann, dachte dann und sprach es laut aus: »Wart Berg, du sollst mir eine Burg werden!« Er hielt an, um auf sein Gefolge zu warten. Da vernahm er nun von älteren Jagdbegleitern, dass jener Berg nicht sein und seines Vaters Eigen sei, sondern das der Frankensteiner, deren Gebiet an das seine grenze. Aber das störte den Grafen Ludwig nicht. Er ersann eine sonderliche List, ließ von seines Vaters nahem Gebiet heimlich und zur Nachtzeit Erde in Körben auf den Gipfel schaffen, sie droben handhoch über den Boden breiten, dann begann er Wälle aufzuwerfen und Grund graben zu lassen. Spät genug wurden die Herren von Frankenstein inne, dass hoch über ihrem Mittelstein jemand baue, ohne sie zu fragen. Ob sie das nun schon nicht leiden wollten, so ging es ihnen wie dem Knaben im Liede, der das Röslein brach. Sie mussten es eben leiden, denn wenn sie den Grafen angriffen, so konnte er von seiner Höhe herab mitten in ihren Mittelstein ganze Fuder von Steinen schleudern lassen.

Nun war gerade eine Zeit grausamer Hungers- und Durstnot, als dieses sich im Jahre 1067 zutrug. Es gab so wenig Wein, dass er an manchen Orten sogar zum Abendmahl fehlte. Da nun die Armen überall hörten, dass der Thüringer Graf eine Veste baue, so strömten sie in Scharen herzu

Die Wartburg thront heute noch eindrucksvoll über Eisenach.

und schleppten Steine und halfen arbeiten, nur um das tägliche Brot zu gewinnen und nicht Hungers zu sterben, denn es hatte sich schon zu dieser Zeit zugetragen, dass ein Mann aus dem Grabfeld, der auch mit seiner Frau und einem zarten Kinde nach Thüringen herein zum Burgbau zog, sein Kind hatte schlachten und essen wollen, welches auch geschehen wäre, wenn ihm nicht Gott zwei Wölfe gezeigt, die soeben eine Hirschkuh zerrissen hatten. Da scheuchte er die Wölfe von ihrer Beute und führte deren Beute mit sich fort.

Mittlerweile klagten nun die Herren von Frankenstein bei Kaiser und Reich, dass der Graf auf ihrem Land baue. Da auch zu jener Zeit die Prozesse schon die längliche Natur hatten, die ihnen zum großen Nutzen und Frommen der Gerichte und Anwälte bis auf unsere Tage wohlweislich erhalten geblieben ist, so wurde der Bau unterdessen fertig, und der Graf nannte die neue Burg Wartburg, nach dem Wort, das er damals ausgesprochen hatte, als er den Berg zum ersten Mal erblickte. Wie nun endlich ein Spruch geschehen sollte, da erbot sich der Graf zum Beweise gegen die Frankensteiner, dass er nicht auf das Ihre, sondern auf das Seine baue, erkor sich nach der Sitte zwölf Eideshelfer, das an Ort und Stelle eidlich zu erhärten, trat mit diesen Ehrenmännern hin, sie zogen ihre Schwerter, steckten sie in den aufgeschütteten Boden und schwuren mit ihm heilig darauf, dass sie auf des Grafen eigner Erde und auf seinem Boden ständen.

Gegen die Eidesleistung solcher Schwurhelfer und Geschworenen galt nun keine Einrede, und die Herren von Frankenstein mussten vom Gericht von Rechts wegen das höchste Unrecht leiden. Genau so ist die Wartburg erbaut und benannt worden. In neuerer Zeit sind auf ihr tief unterm Schutt zwölf große eiserne Schwertklingen, stark gerostet, überkreuzt beisammenliegend, aufgefunden worden. Man glaubt, dass das die Schwerter der Eideshelfer Graf Ludwigs gewesen, die in den Boden eingesenkt worden, diesen noch mehr zu festen.

*L*udwig der Bärtige (gest. 1056) stammte aus der Familie der Grafen von Rieneck, die vom Erzbischof von Mainz als Burggrafen eingesetzt waren. Er baute im Raum Eisenach die Schauenburg bei Friedrichsroda. Sein Sohn, Ludwig der Springer (gest. 1123), verlegte den Stammsitz auf die Wartburg. Dass sich alles so zugetragen hat, wie es die Sage berichtet, ist eher unwahrscheinlich. Vermutlich hat es schon vorher eine Burg gegeben. Erste urkundliche Erwähnung fand die Burg im Jahr 1080. Da sich Ludwig der Springer an einem Aufstand gegen Kaiser Heinrich V. beteiligte, verlor er die Wartburg an diesen.

# 7. LEGENDEN

෨෧ ෨෧ ෨෧ ෨෧ ෨෧ ෨෧ ෨෧ ෨෧ ෨෧ ෨෧ ෨෧ ෨෧ ෨෧ ෨෧ ෨෧ ෨෧ ෨෧ ෨෧ ෨෧ ෨෧ ෨෧ ෨෧ ෨෧ ෨෧ ෨෧ ෨෧ ෨෧ ෨෧ ෨෧ ෨෧ ෨෧

*Jacobus de Voragine wurde um 1230 in Vorago, heute Varazze bei Genua, geboren. Der Dominikanermönch ist heute vor allem durch seine Sammlung von Heiligenlegenden bekannt, die unter dem Namen* Legenda Aurea *veröffentlicht ist. Sie wurde in der zweiten Hälfte des 13. Jahrhunderts geschrieben. Erste Handschriften sind schon aus dem Jahr 1282 bekannt. 1292 wurde Jacobus Erzbischof von Genua. Er starb dort im Jahr 1298. Seine Legenden sind nach dem Kirchenjahr geordnet und beginnen in der Adventszeit. Auch den kirchlichen großen Festen widmet er Darstellungen, erklärt deren Bedeutungen und die Bräuche. Die Legenden hat Jacobus aus vielen Quellen zusammengetragen; er wertete die Bibel, die apokryphen Evangelien, Schriften des Augustinus und anderer sowie mündliche Überlieferungen aus. Das gesamte Werk war sehr erfolgreich, obwohl in lateinischer Sprache geschrieben. Auf den folgenden Seiten können nur wenige Legenden in knapper Nacherzählung wiedergegeben werden.*

## Die Legende vom heiligen Nikolaus

Nikolaus war der Sohn begüterter Eltern, die in der Stadt Patara in Lykien lebten. Epiphanes hieß der Vater, Johanna die Mutter. Der junge Nikolaus mied die Ausschweifungen seiner Altersgenossen. Er ging häufig in die Kirche und las in der Heiligen Schrift, bis er sie auswendig kannte. Nach dem Tode der Eltern fiel Nikolaus ein großes Vermögen zu. Er dachte darüber nach, wie er es zum Ruhme Gottes einsetzen konnte. Da erfuhr er, dass ein Nachbar in Not geraten war und in seiner Verzweiflung seine eigenen drei Töchter zur Prostitution zwingen wollte. Er warf nachts heimlich ein Goldstück durch das Fenster und lief davon. Als der Nachbar das Goldstück am Morgen fand, dankte er Gott und richtete die Hochzeit seiner ältesten Tochter aus. Nikolaus wiederholte diese Tat wenig später ein zweites Mal, sodass der Nachbar auch die zweite Tochter verheiraten konnte. Als Nikolaus das dritte Mal nachts Goldstücke durch das Fenster warf, stellte ihn der Nachbar, warf sich vor ihm zu Boden und wollte ihm die Füße küssen. Dies verbat er

sich aber und verlangte vom Nachbarn das Versprechen, dass er von dieser Tat zu seinen Lebzeiten nichts erzählen werde.

Als der Bischof von Myra gestorben war, berieten die Bischöfe um die Neubesetzung dieses Amtes. Der Bischof, der diese Versammlung leitete, hielt alle Teilnehmer zum Fasten und Beten an. In der Nacht hörte er eine Stimme, die ihm auftrug, vor dem Frühgebet die Kirchenpforte im Auge zu behalten, denn dort würde als Erster einer mit dem Namen Nikolaus in die Kirche treten. Dieser solle Bischof werden. Dieser Bischof hielt darauf hin Wache und tatsächlich erschien ein Mann, der auf die Frage, wer er sei, antwortete: »Nikolaus, der Knecht Eurer Heiligkeit.« Daraufhin setzte man ihn gegen sein Sträuben auf den Bischofsstuhl. Nikolaus bewahrte seine bisherige Haltung, durchwachte die Nächte im Gebet, mied die Gesellschaft von Frauen und ging demütig mit allen Menschen um. Er soll auch am Konzil von Nicäa teilgenommen haben.

Als einmal eine große Hungersnot die Provinz, in welcher Nikolaus Bischof war, drückte, erfuhr dieser, dass Weizenfrachtschiffe im Hafen festgemacht hatten. Da ging er hin und bat die Seeleute, von jedem Schiff hundert Scheffeln für die Hungerleidenden zu geben. Das wagten die Schiffer nicht, denn das Korn sei in Alexandria gewogen worden und es dürfe bei der Ablieferung kein Gramm fehlen. Nikolaus sagte aber, dass trotz der Entnahme kein Scheffel bei der Ablieferung fehlen werde. Da machten sie es so. Als dann bei der Ablieferung bei den kaiserlichen Ge-

Tilman Riemenschneider, heiliger Nikolaus.

treidespeichern tatsächlich die Menge ausgeladen wurden, die sie in Alexandria an Bord genommen hatten, war das Staunen groß. Gleich verkündeten sie das Wunder und lobten Gott und seinen Diener. In Myra aber reichte das Korn von den Schiffen für volle zwei Jahre und es konnte außerdem noch für die Aussaat genutzt werden.

Als Nikolaus schließlich im Jahr 343 im Sterben lag, betete er zu Gott, dass dieser ihm seine Engel senden möchte. Als er diese kommen sah, betete er den Psalm mit den Worten »In deine Hände empfehle ich meinen Geist« und starb. Aus den Höhen aber erklang eine wunderbare Melodie. Aus dem Grab des Nikolaus entsprang zu seinem Kopf eine Quelle aus Öl und zu seinen Füßen eine aus Wasser.

N ikolaus von Myra wurde zwischen 270 und 286 in Patara geboren. Wie Myra liegt diese Stadt an der kleinasiatischen Mittelmeerküste in der Region Lykien, damals zum Römischen Reich gehörend, heute im Gebiet der Türkei. Zu Beginn des 4. Jahrhunderts wird er zum Bischof von Myra ernannt. Er ist einer der bekanntesten Heiligen, auch in der Ostkirche. Sein Gedenktag ist der 6. Dezember. Über die historische Person ist wenig bekannt, umso mehr Legenden ranken sich um seine Person und werden auch mit denen des gleichnamigen Abtes eines Kloster bei Myra aus dem 6. Jahrhundert vermischt. Seine Reliquien wurden von süditalienischen Kaufleuten im Jahr 1087 entwendet und in die Stadt Bari gebracht, wo sie in der Basilika San Nicola bis heute liegen. Sie wurden sogar schon Gegenstand ausführlicher forensischer Untersuchungen.

# Der heilige Stephan

Als die Zahl der Jünger der Urgemeinde in Jerusalem immer stärker wuchs und es zu Streitigkeiten kam, befürchteten die Apostel, dass sie ihren Aufgaben in Lehre und Predigt nicht mehr gut genug nachkommen könnten.

Deshalb wählte die Gemeinde auf den Rat der Apostel hin sieben Männer als Diakone aus, von denen Stephanus der Erste war. Dann führte man die Diakone zu den Aposteln, die ihnen ihre Hände auflegten. Stephan war von Gnade und Kraft erfüllt und war beliebt bei den Leuten im Volk. Den Juden gefiel das nicht und sie versuchten, ihm dreifach zu schaden: Indem sie mit ihm disputierten, falsche Zeugen gegen ihn aufbrachten und ihm Gewalt antaten. Doch er überwand sie mit seinen Worten, stellte die falschen Zeugen bloß. Da ergriffen sie den heiligen Stephan und trieben ihn vor die Tore der Stadt, um ihn dort zu steinigen, wie einen Gotteslästerer. Zunächst legten die beiden falschen Zeugen ihre Kleider ab, um sie nicht durch die Berührung mit dem Opfer zu besudeln. Ein Mann namens Saulus passte auf diese Kleider auf. Da kniete Stephanus nieder und betete, dass seine Leiden nicht in die Länge gezogen werden, damit die Peiniger nicht noch größere Sünde auf sich laden würden. Außerdem bat er für sie, dass ihre Tat ihnen nicht als Sünde angerechnet werde. Trotzdem ließen sie nicht von ihrem Tun ab. Stephanus aber rief laut aus: »Herr Jesus, nimm meinen Geist auf.« Außerdem sprach er die Worte Christus' nach, »Vater, vergib ihnen, denn sie wissen nicht, was sie tun«, bevor er starb.

*Stephanus (ca. 1 n. Chr. – ca. 36/40 n. Chr.) gilt als der erste christliche Märtyrer. Der 26. Dezember ist der Gedenktag des heiligen Stephanus.*

# Der heilige Silvester

Papst Silvester war ein gastfreundlicher Mensch. Er versteckte auch Timotheus, einen gläubigen Christen, den alle anderen abgewiesen hatten, weil er von Präfekt Tarquinius verfolgt wurde. So blieb ihm noch eine gewisse Zeit, um seinen Glauben zu verkünden, doch erlangte er endlich die Krone des Martyriums.

Tarquinius aber forderte nun von Silvester das Vermögen des Timotheus. Als er erfuhr, dass dessen Reichtum jedoch einzig in seinem Glauben bestand, wurde er wütend. Er befahl Silvester, den Götzenbildern zu opfern oder am folgenden Tag Folterqualen zu erleiden. Doch Silvester lachte ihn aus und nannte ihn einen Narren. »Noch in dieser Nacht wirst du sterben«, sagte er, »und selbst ewige Folter erleiden.« Darauf ließ man Silvester ins Gefängnis werfen. Tarquinius aber besuchte ein Festmahl. Während des Essens blieb ihm eine Gräte so im Hals stecken, dass sie weder ausgespuckt noch heruntergeschluckt werden konnte. Er musste elendiglich ersticken. Silvester aber entließ man aus dem Gefängnis. Später ernannte man ihn zum Bischof von Rom – zum Papst.

Silvester versteckte sich mit anderen Geistlichen auf einem Berg außerhalb Roms, weil Kaiser Konstantin die Christen verfolgen ließ. Der Kaiser aber erkrankte an unheilbarem Aussatz. Seine Priester rieten ihm, dreitausend Kinder zusammenzuführen und diese zu töten. Wenn er in deren frischem, noch warmem Blut baden würde, könne er geheilt werden. Also ließ man vor den Toren der Stadt die Kinder zusammentreiben. Als der Kaiser erschien, liefen ihm die Mütter entgegen und baten um das Leben ihrer Kinder. Das rührte Konstantin und er sagte: »Hört mich alle an. Die Würde des römischen Volkes entspringt dem Quell der Frömmigkeit. Auch gibt es das Gesetz, das jeder hingerichtet wird, der im Krieg ein Kind tötet. Was wäre das für eine Rohheit, wenn wir das mit unseren eigenen machten, was wir für fremde Kinder verboten haben?« Er gab den Müttern ihre Kinder zurück und ließ sie reich beschenkt nach Hause gehen. In der folgenden Nacht erschienen Konstantin Paulus und Petrus und sagten ihm, dass sie vom Herrn Jesus Christus gesandt worden seien mit der Botschaft, er solle den Bischof Silvester rufen, der sich am Berg Sirapte versteckt halte. Er würde ihm ein Wasserbecken zeigen, das ihn vom Aussatz vollständig heilen würde. Dafür solle er die Götzentempel einreißen und die Kirchen Christi wiederaufbauen lassen.

Als die Soldaten Silvester holen kamen, dachte dieser, dass er nun die Märtyrerpalme empfangen würde, und empfahl sich Gott. Man führte ihn aber zu Kaiser Konstantin, der ihn freundlich empfing und von seiner Traumvision erzählte. Nun wollte er wissen, wer die beiden Götter seien, die ihm erschienen waren. Silvester erklärte ihm aber, dass es sich nicht um Götter, sondern um zwei Apostel Christi gehandelt habe. Als er nun zwei Bildnisse von Petrus und Paulus bringen ließ, erkannte der Kaiser sie wieder. Silvester gebot ihm ein siebentägiges Fasten und fordert ihn auf, die Kerker für die gefangenen Christen zu öffnen. Dann ließ er ihn in das Wasser der christlichen Taufe eintauchen (siehe Bildtafel 6 nach S. 112). Da erstrahlte ringsum ein wunderbares Licht. Der Kaiser stieg gereinigt und gesund heraus und offenbarte, dass er Christus gesehen habe.

Nach seiner Bekehrung erließ Konstantin mehrere Gesetze: Dass Christus in Rom als wahrer Gott zu verehren sein, dass die Lästerung Christi bestraft werde, dass jedem, der einem Christen ein Unrecht zufüge, die Hälfte seines Besitzes genommen werde, dass der Bischof von Rom als Oberhaupt aller Bischöfe angesehen werde, dass jeder, der sich in eine Kirche flüchte, vor Gewalt sicher sein solle, dass keiner ohne die Erlaubnis seines Bischofs eine Kirche innerhalb der Mauern einer Stadt erbaue und dass der zehnte Teil aller Einnahmen der kaiserlichen Landgüter für die Errichtung von Kirchen verwendet werden solle. Danach begab sich der Kaiser zur Kirche des heiligen Petrus. Dort bekannte er seine eigene, große Schuld, ergriff eine Hacke und tat den ersten Spatenstich für das Fundament der Domkirche. Er selbst soll auf seinen Schultern zwölf Körbe mit Erdaushub aus der Baugrube getragen haben.

Nach der Legende soll Papst Silvester um das Jahr 320 nach Christi Geburt friedlich eingeschlafen sein, nachdem er seine Geistlichen ermahnt habe, die Gemeinden mit großer Umsicht zu lenken und zu schützen.

Silvester I. wurde im Jahr 314 zum Papst ernannt. Er führte dieses Amt bis zu seinem Tod am 31. Dezember 335. Die Legende des Jacobus ist auch bei den anderen Punkten nicht ganz stimmig. Konstantin erlaubte im Toleranzedikt von Mailand aus dem Jahr 313 den Christen das Praktizieren ihres Glaubens. In der römisch-katholischen Kirche ist sein Todestag – der 31. Dezember – auch der Tag, an dem man den Heiligen feiert. Die Märtyrerpalme ist ein Symbol in der christlichen Ikonografie, die Heilige als Märtyrer charakterisiert. Es ist meist ein Palmenzweig, der manchmal durch drei Kronen verziert ist.

# Die heilige Agnes von Rom

Man sagt, dass die hl. Agnes ihren Namen von »agna«, was »Lamm« bedeute, habe. Ambrosius erzählte schon, dass Agnes ein Mädchen voller Einsicht war und beschreibt ihr Martyrium, das sie im Alter von dreizehn Jahren empfing.

Der Sohn eines Präfekten sah Agnes und verliebte sich in sie. Er versuchte sie zu einer Ehe zu überreden und versprach ihr dafür unermessliche Schätze an Gold und Schmuck. Doch Agnes wies ihn brüsk zurück und behauptete, mit einem anderen verlobt zu sein. Sie pries diesen Verlobten als einen Bräutigam von vornehmer Herkunft, herrlicher Ehre, überfließendem Reichtum, großer Stärke und Macht und schließlich erfüllt von erhabener Liebe. Er habe eine Mutter, die Jungfrau sei, einen Vater, der mit keiner Frau verkehre und dem die Engel dienen.

Der junge Verehrer warf sich krank vor Liebe auf sein Bett und seufzte derart, dass herbeigeholte Ärzte ihm bescheinigten, dass er an gebrochenem Herzen leide. Da wandte sich der Vater an Agnes und erzählte, wie es um seinen Sohn bestellt

Die heilige Agnes von Rom, gemalt von Alonso Cano (1601–1667).

war. Doch Agnes wies auch den Vater mit gleichen Argumenten zurück. Als der Präfekt durch Nachforschungen herausbekam, dass Agnes mit dem Verlobten Christus meinte, versuchte er durch gutes Zureden, dann durch Drohungen, das Mädchen umzustimmen. Da stellte er sie vor die Wahl, entweder den vestalischen Jungfrauen zu opfern oder ins Bordell geworfen zu werden. Da Agnes hohen Standes war, konnte er ihr nicht einfach Gewalt antun. Sie lehnte jedoch die Verehrung fremder Götter ab und wurde so nackt in ein Bordell geführt.

Doch dort wartete bereits ein Engel auf sie, erfüllte das Haus mit blendendem Licht und reicht ihr ein strahlendes Kleid. Der Sohn des Präfekten führte nun einige junge Männer in das Bordell und forderte sie auf, dem Mädchen vor ihm beizuliegen. Doch keiner konnte es; sie kamen voll Reue wieder heraus. Da ging der Jüngling selbst hinein, um sich an Agnes zu vergreifen, doch erwürgte ihn ein Teufel, sodass er dort sein Leben aushauchte. Der Präfekt kam danach ins Bordell und beklagte laut den Tod seines Sohnes. Er forderte Agnes auf, seinen Sohn wieder ins Leben zu holen, zum Beweis, dass sie nicht schuld an seinem Tod sei. Daraufhin betete sie für ihn und der junge Mann kam tatsächlich ins Leben zurück. Er begann nun, Christus öffentlich zu preisen.

Nun aber begannen die Oberpriester der Tempel, gegen Agnes zu hetzen. Der Präfekt, der sie freisprechen wollte nach dem Wunder an seinem Sohn, fürchtete sich aber vor deren Macht und überließ Agnes den Priestern. Diese warfen sie auf den Scheiterhaufen, doch brach dieser in zwei Teile auseinander, sodass das Feuer zwar die umstehende Menge verbrannte, nicht aber Agnes. Daraufhin stieß ihr ein Soldat ein Schwert durch die Kehle. Geschehen sein soll dies zur Zeit Kaiser Konstantins, der im Jahr 309 nach Christus an die Herrschaft kam.

Agnes von Rom wurde um 237 geboren und starb um 250 dortselbst. Gesicherte Angaben gibt es nicht, aber bereits im 4. Jahrhundert genoss sie große Wertschätzung und Verehrung. Sie gilt als Schutzpatronin der Jungfrauen, jungen Mädchen und Verlobten. Ihr Gedenktag ist der 21. Januar. Mit dem Kaiser Konstantin ist nicht Konstantin I., auch der Große genannt, gemeint, sondern Constantinus I., der von etwa 250 bis 306 n. Chr. lebte und nur in den letzten beiden Jahren römischer Kaiser war. Nach seinem Tod kam Konstantin I. an die Macht.

# Valentin von Terni

Valentin war ein Priester, manche sagen sogar, Bischof von Rom. Kaiser Claudius machte ihm das Angebot der Freundschaft, wenn er sich zu seinen Göttern bekennen würde. Doch das lehnte Valentin ab.

»Wenn du die Gnade Gottes kennen würdest, müsstest du dich von den Götzenbildern abwenden.« Daraufhin wollte ein Anwesender wissen, was Valentin über die Heiligkeit ihrer Götter denke. »Es waren nichts weiter als schlechte, unreine Menschen«, war seine Antwort. Da wollte Claudius mehr über Valentins Gott wissen.

Altar mit Valentins Reliquien in der Basilika San Valentino in Terni.

Valentin sagte: »Allein Christus ist der wahre Gott. Findest du zum Glauben an ihn, würde deine Seele gerettet, der Staat würde gedeihen und deine Feinde müssten dir unterliegen.« Das gefiel Claudius und er wollte Valentin zustimmen. Doch ein Präfekt rief: »Seht, schon ist selbst der Kaiser verführt.«

Da änderte Claudius seine Meinung wieder und ließ Valentin unter Hausarrest stellen. »Herr Jesus Christus, du bist das wahre Licht. Erleuchte alle, die in dieses Haus treten und ihn ihm sind.« Da sagte der Präfekt: »Jetzt bin ich neugierig, dass Christus das Licht sein soll. Wenn du meiner Tochter, die erblindet ist, ihr Augenlicht wiedergibst, will ich alles tun, was du befiehlst.« Da versenkte sich Valentin so lange ins Gebet, bis die blinde Tochter wieder sehen konnte. Alle, die in diesem Haus lebten, wurden so bekehrt. Kaiser Claudius aber befahl, Valentin zu enthaupten. Das geschah im Jahr 280 nach Christi Geburt.

*Valentin von Terni soll am 14. Februar 269 durch Kaiser Claudius II. hingerichtet worden sein, weil er trotz des Verbots Liebespaare nach dem christlichen Ritus getraut hatte. Deshalb wird er heute auch als Patron der Liebenden verehrt. Das Brauchtum des Valentinstages geht auf ihn zurück. Allerdings scheint man sich auch nicht ganz sicher in seiner Person zu sein, denn oft wird er mit dem hl. Valentin von Rätien (um 435 – um 475) verwechselt, der einer der ersten Bischöfe von Passau war. (Siehe Bildtafel 7 nach S. 112.)*

# QUELLEN

Richard Benz: *Legenda Aurea deutsch*, Jena 1925.

Felix und Therese Dahn: *Kaiser Karl und seine Paladine*, Leipzig 1923.

Felix und Therese Dahn: *Germanische Götter- und Heldensagen*, 8. Aufl., Kreuznach 1888.

Emil Engelmann: *Germanias Sagenborn*, 2. Aufl., Stuttgart 1897.

Johann Georg Theodor Graesse: *Gesta romanorum*, Leipzig 1905.

Johann Georg Theodor Graesse: *Sagenbuch des Preußischen Staats*, 1. und 2. Band, Glogau, 1868/71.

Brüder Grimm: *Deutsche Sagen*, Band 2, Berlin 1818.

Karl Hessel (Hg.): *Rheinlieder – Aus dem Mund der Dichter*, Koblenz 1894.

Adalbert Kuhn / W. Schwartz: *Norddeutsche Sagen, Märchen und Gebräuche aus Mecklenburg, Pommern, der Mark, Sachsen, Thüringen, Braunschweig, Hannover, Oldenburg und Westfalen*, Leipzig 1848.

Sir Thomas Malory: *Die Geschichten von König Artus und den Rittern seiner Tafelrunde*, übertragen von Helmut Findeisen auf der Grundlage der lachmannschen Übersetzung, Leipzig 1973.

J. Priem: *Nürnberger Sagen und Geschichten*, Nürnberg 1870.

Heinrich Pröhle: *Rheinlands schönste Sagen und Geschichten*, Berlin 1886.

Albert Richter: *Deutsche Sagen*, 1878.

Wilhelm Ruland: *Rheinisches Sagenbuch*, 1896.

August Schnezler: *Badisches Sagen-Buch II*, Karlsruhe 1846.

Aloys Schreiber: *Sagen aus den Gegenden des Rheins und des Schwarzwaldes und den Vogesen, Neue Sammlung*, Heidelberg 1839.

Aloys Schreiber: *Sagen aus den Rheingegenden, dem Schwarzwalde und den Vogesen*, 3. Aufl., Frankfurt 1848.

Wolfram von Eschenbach: *Parzival und Titurel*, übersetzt aus dem Mittelhochdeutschen von Karl Simrock, Stuttgart 1842/83.

Ludwig Uhland: *Gedichte*, 1. Aufl., Stuttgart/Tübingen 1815.